岁月留痕 5

SUIYUE LIUHEN

主编 林楚涛

上海教育出版社
SHANGHAI EDUCATIONAL PUBLISHING HOUSE

亲爱的同学，当你打开这本书时，你就开启了一段惬意的旅程。从相遇、相知，到相伴前行，淡淡的书香将一直萦绕在你身边。

在初中语文教材里，你会读到许多名篇佳作，你将会沉浸在充满智慧、有温度的文字世界中，语文素养自然会得到提升。面对神秘奇幻的自然、日新月异的世界、渐趋丰盈的人生，每册教材中的二十几篇课文，恐怕很难再满足你的阅读需求，你的阅读理应更广泛、更自由、更专业。如何让课内外读物有机融合成滋养你成长的沃土？如何让点滴的阅读收获汇聚成助推你遨游书海的动力？我们汇聚全国各地的名师，在研读教材的基础上精选文章，设计帮你实现高效阅读、自主学习的平台和支架……

于是，便有了摆在你面前的这本书。

这本书分为经典诵读、单元学习、整本书阅读三个板块。

第一个板块是“经典诵读”，所选古诗词历久弥新。针对诗词中可能会给你造成阅读障碍的生字难词，我们加注了读音和注释，且辅以专业诵读音频供你赏听以及鉴赏资料供你查阅。希望你能利用每天的晨读或其他课余时间反复诵读，持之以恒，假以时日，定能厚积薄发。

第二个板块是“单元学习”，我们精心挑选了一组与课文主题相关的文章，组合成一个阅读单元，让你在学习课文的基础上拓展阅读更多佳作；针对教材中的每个写作主题，我们也选取了相应的文章（含片段）组成单元，为你的写作指引方向或触发灵感。其中“范文阅读”“组文阅读”“自由阅读”和“类文阅读”四个小标签可提示你采用不同的方式进行阅读。选文之外还附有单元导语、旁批、学习提示、单元学习任务等助读工具，为你的自主阅读提供助力。

带有“范文阅读”标签的文章最贴近教读课文的学习要点，你可以在学过教读课文后，参看这些范文中的旁批和文后的学习提示进行阅读，习得课内所学。

带有“组文阅读”标签的文章都与教读课文主题相关，帮助你在多篇文章的比较阅读中拓宽视野、发展思维、形成能力。阅读时，你可以参看文后的单元学习任务，运用阅读所得解决实际问题，提升语言文字的实际运用能力。

带有“自由阅读”标签的文章与自读课文相关联，你可以根据自己的需要、兴趣自主选择阅读，多读、少读、深读、浅读皆可，如能养成边读边做批注的习惯，你会邂逅更多精彩与惊喜。

带有“类文阅读”标签的是一组与单元写作要求相匹配的文章。这组文章的首篇附有旁批，配合单元写作重点为你的写作实践提供技巧点拨。

第三个板块是“整本书阅读”，推荐书目多为《义务教育语文课程标准（2011版）》中建议初中生阅读的名著。我们设计了“阅读导航”“精彩选篇”“阅读规划”“交流平台”等助读工具，若能激发你的阅读兴趣，为你提供科学的方法指导，助你养成主动阅读整本书的习惯，我们将由衷地感到欣慰。

愿这本书能陪伴着你在阅读的黄金时期，与经典交流，与大师对话，帮助你积累知识，开阔视野，丰富心灵，培育精神，做睿智、优雅的人！

顾之川

经典诵读

第一单元　桥梁建筑

范文阅读

第二单元 名园古迹

第三单元　自然探秘

自由阅读

第四单元　艺术鉴赏

自由阅读

第五单元　说明事物要抓住特征

类文阅读

整本书阅读

在经典中浸润，在诗海中徜徉，让心灵开始一次雅韵悠长的旅程。从《诗经》到宋词，从田园到边塞，从婉约到豪放，从现实主义到浪漫主义……那些作品，或率真质朴，或清幽缠绵，或慷慨刚健，或隽永蕴藉，寄托了中华儿女的家国情怀，传承着博大精深的中华文明。

有了诗词的濡染，我们的学习自当渐入佳境；有了经典的浸润，我们的生活定会异彩纷呈。

扫码收听朗诵音频

1. 今日良宴会[①]

⊙《古诗十九首》

今日良宴会，欢乐难具陈。
弹筝奋逸响[②]，新声妙入神。
令德[③]唱高言[④]，识曲听其真。
齐心同所愿，含意俱未伸。
人生寄一世，奄忽[⑤]若飙尘[⑥]。
何不策高足[⑦]，先据要路津[⑧]？
无为守穷贱，轗轲[⑨]常苦辛。

---

① 良宴会：热闹的宴会。良，善也。

② 逸响：不同凡俗的音响。

③ 令德：有令德的人，就是指知音者。

④ 高言：高妙的言辞。

⑤ 奄忽：急遽，迅速。

⑥ 飙（biāo）尘：狂风吹起的尘土，比喻人生，言其短促、空虚。

⑦ 高足：良马的代称。

⑧ 要路津：行人必经的路口。这里比喻高官要职。

⑨ 轗轲（kǎn kě）：比喻不得志，不顺利。

这是一首愤世嫉俗、感慨自讽的诗。诗中借听曲起兴，从而揭示了当时一般人追求名利的庸俗和卑鄙。开头写因听曲动心，接着发表感想：人生短促，富贵可乐，何必长守辛苦，永处穷困。这些实际上是感愤自嘲之词，反语中寄托着作者的愤激之情。这首诗写得很别致，质直中见婉曲，浅近中寓深远。

古诗十九首

《古诗十九首》的名称来自南朝梁萧统所编的《文选》，主要是汉代抒情诗，也代表了汉代文人五言诗的最高成就。现代研究者或认为大抵产生于东汉末年，并非一人、一时、一地的作品，但其情调、主题相近，所以被合为一编。十九首诗各自成篇，其内容多写夫妇、朋友间的离愁别绪和士人的彷徨失意，语言朴素自然，描写生动真切，具有浑然天成的艺术风格，深刻地再现了文人在汉末社会思想大转变时期，追求的幻灭与沉沦，心灵的觉醒与痛苦。

扫码收听朗诵音频

2. 与浩初上人同看山寄京华亲故①

⊙〔唐〕柳宗元

海畔尖山似剑芒②，秋来处处割愁肠。
若为③化作身千亿，散向峰头望故乡。

读柳宗元这首诗，给我们的印象是诗人通过奇异的想象，独特的艺术构思，把埋藏在心底的抑郁之情，不可遏止地倾吐了出来。诗人从“肠断”这一意念出发，于是耸峙在四周的崇山峻岭，转化为无数利剑的锋芒，这“愁肠”仿佛就是被它们割断的。说“海畔尖山”，正因地处西南滨海，去故乡之远。身在贬所，“望故乡”而不能归，当然是痛苦的；然而“悲歌可以当泣，远望可以当归”（古乐府《悲歌行》），却又能从痛苦中得到某种满足。于是在无可奈何的矛盾心情的支配下，他尽情地望去，唯恐其望得不够。这无数的像“剑芒”一样的“尖山”，山山都可以望故乡，可是自己只有一个身子、一双眼睛，该怎么办呢？于是他就想入非非，想到“化身千亿”了。在这首诗里，诗人的想象非常奇妙，准确传达了他眷念故乡亲友的真挚感情。

① 选自《柳河东集》。浩初上人，龙安海禅师的弟子，诗人的朋友，时从临贺到柳州会见柳宗元。

② 剑芒（máng）：剑锋，剑尖。

③ 若为：怎样，如何。

扫码收听朗诵音频

3. 行 宫[①]

⊙〔唐〕元稹

寥落[②]古行宫[③]，宫花寂寞[④]红。
白头宫女在，闲坐说[⑤]玄宗。

---

① 行宫：古代京城以外供皇帝出行时居住的宫殿。

② 寥（liáo）落：冷落，荒凉。

③ 古行宫：指洛阳的行宫“上阳宫”。

④ 寂寞：冷清。

⑤ 说：这里指闲谈。

《行宫》一诗通过描绘洛阳行宫——上阳宫冷落寂寞的景象，寄寓了诗人深沉的盛衰之感，也表现了对宫女命运的同情。诗的前幅，诗人以十分简括的笔墨描写行宫荒凉的景象。首句用全景镜头展示行宫的全貌。先以“寥落”一词总写凄清冷落的气氛，又缀一“古”字，写出行宫久远的历史和陈旧的样子。次句用特写镜头对准“宫花”。几簇鲜红的花，不但未能给行宫增加点热闹的气氛，反而将行宫衬托得更为凄凉冷寂。诗的后幅在前两句的背景下转到描写人物。昔日繁华热闹的行宫而今风流云散，留下的只有“白头宫女”。“白头宫女在”一句，流露出诗人对青春虚度、哀怨无告的宫女的深切同情。然而作者的深意并不在于此，否则就成了一般的宫怨诗。诗人是把“白头宫女”当作古今盛衰的目击者、时移世迁的见证人。因而写行宫只说“白头宫女在”，“在”字意味深长地暗示了许多人与事都已经烟消云散了。写宫女只以“白头”二字形容，强调她们衰老的形态，其目的在于描写行宫寥落的景象，来表现唐王朝的衰微。末句转到刻画宫女的心态。玄宗天宝末年进宫的老宫人，闲坐回忆，谈论着唐玄宗。宫女们或是谈论着天宝遗事，或是感叹世事的变迁。谈论的具体内容，诗中没有说破，全都留给读者去思索、去玩味。

扫码收听朗诵音频

4. 长安秋望[①]

⊙〔唐〕杜牧

楼倚[②]霜树[③]外[④]，镜天[⑤]无一毫[⑥]。
南山[⑦]与秋色[⑧]，气势[⑨]两相高。

---

① 秋望：在秋天远望。

② 倚：靠着，倚立。

③ 霜树：指深秋时节的树。

④ 外：之外。指楼比“霜树”高。

⑤ 镜天：像镜子一样明亮、洁净的天空。

⑥ 无一毫：没有一丝云彩。

⑦ 南山：指终南山，在今陕西西安南。

⑧ 秋色：这里指秋季晴空万里，天气清爽。

⑨ 气势：气象与形势。喻终南山有与天宇比高低的气概。

这是一曲高秋的赞歌。“楼倚霜树外”点出“望”的立足点，秋天经霜后的树多半树叶凋落，越发显出它的高耸挺拔；而楼又高出霜树之外，在这样一个立足点上，方能纵览长安高秋景物的全局，充分领略它的高远澄净之美。“镜天无一毫”写望中所见的天宇，是说天空明亮、洁净得像一面纤尘不染的镜子，没有一丝荫翳云彩。这正是秋日天空的典型特征，同时也写出了诗人当时那种心旷神怡的感受和高远澄净的心境。诗的后两句是说，峻拔的南山与清爽的秋色，气势互不相让两两争高。具体有形的南山，衬托出抽象虚泛的秋色，读者通过“南山与秋色，气势两相高”的诗句，不但具体感受到“秋色”之高远、寥廓，而且连它的气势、精神和性格也若有所悟了。

扫码收听朗诵音频

5. 踏莎行①

⊙〔宋〕欧阳修

候馆② 梅残，溪桥柳细，草薰③ 风暖摇征辔④。离愁渐远渐无穷，迢迢⑤ 不断如春水。

寸寸柔肠，盈盈粉泪，楼高莫近危阑倚。平芜⑥ 尽处是春山，行人更在春山外。

---

① 踏莎（suō）行：词牌名。又名“柳长春”“喜朝天”等。双调五十八字，仄韵。

② 候馆：迎宾候客的馆舍。

③ 薰（xūn）：香气侵袭。

④ 摇征辔（pèi）：边行边摇着马的缰绳。辔，驾驭牲口的缰绳。

⑤ 迢迢：形容遥远的样子。

⑥ 平芜：平坦地向前延伸的草地。

本词以旅人在征途中的感受来抒写离情。上阕写行人旅途中所见所感：已落的梅花、抽枝的柳树，伴着春草的芳香、和煦的春风，远行的人在这样美好的环境中摇动缰绳，赶马行路。而这醉人的春光无疑勾起了行人心中的无限离愁，想到闺中的青春芳华，想到自己孤身跋涉，不能与之共赏春光，愁绪油然而生，而这离愁便随着分别时间之久、相隔路程之长越积越多，就像眼前的这一溪春水一样，来去不尽。

下阕的对句写出了行人的推想，闺中人站在楼上，凭高远望，正思念着旅途中的自己。“楼高莫近危阑倚”一句正是行人在心中对泪眼盈盈的闺中人深情的嘱咐，很自然地引出了末两句：在杂草繁茂的原野尽头是隐隐春山，而所思念的行人更远在春山之外，渺不可寻。写出了闺中人对行人的无限深情正越过春山的阻隔，随着渐行渐远的行人飞向天涯。这几句情景交融，由景的扩大而增加了情的分量。

扫码收听朗诵音频

6. 满庭芳[①]

⊙〔宋〕秦观

山抹微云，天连衰草，画角[②]声断谯门[③]。暂停征棹[④]，聊共引离尊[⑤]。多少蓬莱旧事[⑥]，空回首，烟霭[⑦]纷纷。斜阳外，寒鸦万点，流水绕孤村。

销魂[⑧]。当此际，香囊暗解[⑨]，罗带轻分[⑩]。谩[⑪]赢得青楼，薄幸名存。此去何时见也，襟袖上，空惹啼痕。伤情处，高城望断[⑫]，灯火已黄昏。

---

① 满庭芳：词牌名。双调九十五字，前片四平韵，后片五平韵。

② 画角：古代军中用的号角，因外加彩绘，故称画角。

③ 谯门：建有谯楼的城门。古代建在城门上的瞭望楼，叫谯楼，用以瞭望敌阵，上为楼，下为门。

④ 征棹（zhào）：指远行的船。

⑤ 共引离尊：饯别时举杯共饮。引，持、举。离尊，离别的酒。尊，盛酒器，这里代指酒。

⑥ 蓬莱旧事：男女爱情的往事。

⑦ 烟霭：指云雾。

⑧ 销魂：指离别时的黯然神伤。

⑨ 香囊暗解：偷偷地解下佩带的香囊，作为临别纪念品赠予对方。香囊，古代青年男子佩带在身上的盛有香料的袋子。

⑩ 罗带轻分：轻轻地解开系在腰间的罗带，赠予对方。罗带，丝织的带子，又称香罗带，为女子所用饰物。

⑪ 谩：徒然，枉自。

⑫ 望断：从远望的视线中消失。

这首词写的是离情别绪。全词通过对秋天晚景的描绘和浓郁离情的叙述，形象地抒发了自己壮志难酬的苦闷之情。语言华丽，但不流于艳俗；情调苍凉，但在词里渗透着无限的深情，能引发震撼人心的力量。这首词不但情真意切，而且艺术造诣高妙，把人和自然结合起来，创造了一种调美、音美、境美、笔美的艺术境界。词人把身世之感、切身之情，描绘得生动、形象、苍凉、深沉，富有艺术感染力。

王国维评秦观

秦观，北宋词人，字少游、太虚，号淮海居士，高邮（今属江苏）人，被尊为婉约派一代词宗。他与黄庭坚、晁补之、张耒并称为“苏门四学士”，颇得苏轼赏识。秦观的词风格委婉含蓄，感情深挚。王国维对秦观有过多次专门的评价，这里择其二例，予以证之：

“少游词境最凄婉，至‘可堪孤馆闭春寒，杜鹃声里斜阳暮’，则变而凄厉矣”；“词之最工者，实推后主、正中、永叔、少游、美成，而前此温、韦，后此姜、吴，皆不与焉。”（王国维《人间词话》）

扫码收听朗诵音频

7. 绝句四首（其四）

⊙〔宋〕陈师道

书当快意[①]读易尽，客有可人[②]期[③]不来。

世事相违每如此，好怀百岁几回开？

陈师道以苦吟著称。“书当快意读易尽”是诗人对读书亲身体验的概括，也是他孤独寂寞、唯有书做伴的惆怅心情的流露。当时诗人的知心朋友如黄庭坚、苏轼、张耒（lěi）等尽在远方。而诗人一口气将一本好书读完之后，多么盼望能同这些朋友在一起交流、切磋！他思友心切，整日若有所失，因此发出了“客有可人期不来”的慨叹。怅然、失望之后，诗人又转以旷达，试图自我安慰：世界上的事情每每和主观愿望相违背，人生本来就难得有舒畅愉快之时，何必自寻烦恼呢？

① 快意：称心满意。

② 可人：令人满意的人，此指称心如意的朋友。

③ 期：等待。

扫码收听朗诵音频

8. 病　牛

⊙〔宋〕李纲

耕犁[①]千亩实[②]千箱[③]，力尽筋疲[④]谁复伤[⑤]？
但得[⑥]众生[⑦]皆得饱，不辞羸病[⑧]卧残阳[⑨]。

---

① 耕犁：耕田犁地。犁，名词作动词用。

② 实：充实，满。

③ 千箱：千个粮囤。这里指很多的粮囤。箱，通“厢”，仓廪，粮囤。

④ 力尽筋疲：筋疲力尽，指将力气用完，非常疲劳。

⑤ 伤：哀怜、同情。

⑥ 但得：只要能使。

⑦ 众生：老百姓，指普天下的人。

⑧ 羸（léi）病：瘦弱而有病。

⑨ 残阳：将要落山的太阳，即夕阳。此处既烘托凄凉气氛，又喻指作者晚年。

赏析

这首诗是作者被罢相贬谪到武昌（今湖北省武昌）任湖广宣抚使时所作。这是一首用拟人化的写作方法写成的咏物诗。诗的前两句是对牛耕田被累得筋疲力尽但无人怜惜的慨叹，后两句则是对“病牛”精神的进一步阐释，写它即使倒在夕阳之下，只要人们能吃饱饭，也心甘情愿，绝不推辞。全诗意在写“病牛”普济众生、死而后已的无私精神和可贵品质。这首诗把“病牛”的形象刻画得鲜明而生动，质朴而感人，语言朴实恳挚。诗中“病牛”任劳任怨、鞠躬尽瘁的献身精神，实则是作者牺牲精神的自况。他努力改革政治，积极主张抵抗金人的侵略，时时为人民利益着想，结果反遭投降派排挤、陷害。作者以一头耕田累病了的牛自比，以此来述说自己的不幸遭遇。他虽然是封建社会统治阶层中的一员，但他爱国忧民，只要人民得温饱，只要能收复国土，即使累死也毫无怨言。

桥梁建筑

千百年来，桥为无数文人墨客所钟爱。人们为何爱用饱蘸了感情的笔去写桥、绘桥、咏桥呢？第一，桥给人们带来交通的便利，没有桥，人们就失去了接应，失去了贯通；第二，桥能融入环境、美化环境，一座著名的桥梁肯定是一个地方亮丽的风景线；第三，桥还有着丰厚的文化底蕴，让人游走其上，怀古思今，浮想联翩。桥之外，在中国建筑艺术的浩瀚星空中熠熠生辉的还有诸多美轮美奂的宝塔楼阁、亭台轩榭。这个单元的文章将带我们尽情领略这些建筑艺术精品的魅力。

典型的说明文都具有形神兼备、物理并重的特点。学习本单元文章，要把握说明对象的特征，了解文章是如何使用恰当的方法来说明的，还要体会说明文语言严谨、准确的特点，增强思维的条理性、严密性。

1. 名桥谈往（节选）

⊙茅以升

技术上的名桥

我们常常自谦，说是科学技术落后，比不上世界上的先进国家。这是近百年来受了帝国主义压迫的结果。但是，回顾过去数千年的历史，我国不但文化悠久，光辉灿烂，而且就是在科学技术上，也曾盛极一时，桥梁就是一例。我国有许多桥梁，其技术在当时是大大超过世界水平的。这有实物为证。

这句话统领本节，后文中还有哪些语句是被它直接统领的？

首先要提到的是赵州桥，这是全世界桥梁史上一座最突出的桥。它的技术是大大超过时代的。它是在1350多年前（隋代）由“总工程师”李春造成的一座石拱桥，直到现在，还可使用。

段首排比的形式常出现在说明文中，各段首句式相近的句子往往能提示关键信息，呈现文章结构层次。

其次应当提出的是福建泉州洛阳桥。这

是一座石梁桥，修建于宋代皇祐、嘉祐年间（1053—1059），长360丈，有47孔。洛阳江入海处水流湍急，波涛汹涌，建桥当然不易，而且当时福建沿海各河上，除有少数浮桥外，几无一处有石桥，洛阳桥的建成，实是划时代的巨大贡献。

“也应当”与上段首句中的“其次应当”呼应，简洁明了。

也应当提到广东潮州的湘子桥，它所跨越的韩江，就是唐代大文学家韩愈驱逐鳄鱼的所在，那时就名为“恶溪”，可见水深流急，造桥之不易了。这座桥全长518米，分为3段，东段12孔，长284米，西段7孔，长137米，中段一大孔，长97米。东西两段，皆石墩石梁，中段是浮桥，由18只木船组成。这桥的特点就在中段，那里的木船可以解缆移动，让出河道以通航。这就是近代的所谓“开合桥”，合时通车，开时走船，对于水陆交通，是两不妨碍的。然而这样一座结构巧妙的桥梁，却是建成于南宋乾道年间（1169—1173），距今已800年了。

万年桥，在江西南城县，是国内罕见的极长的联拱石桥，计石拱23孔，全长400余米。所谓“联拱”就是把许多拱联成一线，形成一个整体，每一拱上的载重，由全部各拱共同负担，因而是个很经济的设计。这座桥在宋代初建时为浮桥，到明代崇祯（1634）时更建为石桥。

运用下定义的说明方法，科学而准确地介绍了“联拱”桥的特征。

西津桥，在甘肃兰州，俗名卧桥或握桥，在阿干河上，是伸臂式的木结构桥，其木梁由两岸伸向河心，节节挑出，在河心处，于两边挑梁上铺板，接通全桥。传说这桥建自唐代，经历代重修，现存的是公元1904年重建的。

珠浦桥，在四川灌县，位于都江堰口，横跨岷江，是用竹缆将桥面吊起的悬桥，共长330米，分10孔，最长跨度61米，竹缆锚碇于两岸的桥台中。

以上6座桥，代表6种类型，即拱桥、梁桥、开合桥、联拱桥、伸臂桥和悬桥。从今天看来，所有近代桥梁的主要类型，“粲然具备矣”。当然，在每一类型中还有其他名桥，比如拱桥类有建于元代的江苏吴江垂虹桥；梁桥类有福建泉州的五里桥，有“天下无桥长此桥”的传说，福建漳州的江东桥，最大一根石梁重至200吨，均建于南宋时代；联拱桥类有

“主要”“最大”“等等”这几个词能否删去？为什么？

运用了举例子、分类别的说明方法，从技术超越时代的角度具体而详尽地介绍了6种类型的名桥，简洁明了，条理清晰。

建于清初的安徽歙县的太平桥；悬桥类有建于明代的贵州盘江桥，等等。这许多名桥的技术有一个共同特点，就是把桥造得坚固耐久。

艺术上的名桥

桥不在水上，就在山谷，而山与水又往往相邻，构成图画，“山水”成为风景的代名词，桥在这样的天然图画中，如果本身不美，岂不大煞风景。桥的美首先表现在形体，亦即桥身的构造，要它在所处环境中，显得既不可少，又不嫌多，“秾纤得衷，修短合度”。其次在艺术上布置上处理得当，绝不画蛇添足。一条重要法则是技术和艺术的统一，不因此害彼。特别是在艺术上驰名的，这里举几个例。

为了介绍宝带桥的形貌、规模，作者运用了哪些说明方法？表达效果如何？

宝带桥在江苏苏州，是座联拱石桥，全长约317米，分53孔，其中3孔联拱特别高，以通大型舟楫，两旁各拱路面逐渐下降，形成弓形弧线。建于唐代（约806），重修于宋（约1232）。全桥风格壮丽，堪称“长虹卧波，鳌背连云”。这座桥的工程浩大，构造复杂，而又结构轻盈，奇巧多姿，成为江南名胜。

玉带桥在北京颐和园，建于清代（约1770），桥拱作蛋尖形，特别高耸，桥面形成“双向反曲线”，据说是美国纽约狱门桥设计的张本。这是座小桥，庄严而又玲珑，大为湖山生色。

程阳桥在广西三江，长达76米，是座伸臂式桥，用大木节节伸出，跨度20余米。每一桥墩上建有宝塔式楼阁4层，约5米见方，高10余米。各墩楼阁之间，用长廊联系，上有屋盖，为行人遮阳蔽雨。这桥的构造奇特，结合桥梁与建筑为一体，形成一座水上的游廊。

鱼沼飞梁，在山西太原的晋祠内，是个游览胜地。这是座在鱼沼上建成的十字形的飞梁，就像两条路的十字交叉一样。飞梁的中心是个6米见方的广场，东西向和南北向的两头各有挑出的翼桥，长6米，形成18米长的两桥交叉。这桥的构造曲折，整齐秀雅，富丽堂皇。

五亭桥在江苏扬州瘦西湖，也是个十字交叉的飞梁桥，在中心广场和东南西北的4个翼桥上各有一亭，桥下正侧面共有15个桥孔，月满时每孔各衔一月，波光荡漾，蔚为奇观。

每段均以寥寥数语点明桥的艺术特色，语言准确、严谨又不失生动。

故事中的名桥

历史上有许多有名的故事，在这些故事里所牵涉的桥也往往成为名桥。

有的桥是为纪念名人的，如惠政桥、斩蛟桥、甘棠桥、王公桥、留衣桥等。

有些桥的故事流传甚广，但其确址难考。如汉张良游下邳，遇圯上老人命取履，圯就是桥，这桥当然在下邳了，但河南归德府永城县有酂城桥，“一名圯桥，即张良进履处”（见《河南通志》）。

引用《河南通志》中的句子，在文中有何作用呢？在这一节中，作者为何没有使用说明文中最常见的“列数字”进行说明呢？

学习提示

这篇说明文最大的特点就是条理清晰。文章紧扣题目，用小标题，从“技术、艺术、故事”三个维度来介绍我国古代“名桥”；又用段首中心句，逐一介绍各类名桥的特点。

本文恰当地使用了多种说明方法对说明对象的特征进行说明，你能辨识这些说明方法并分析其作用吗？再想想，作者选择不同说明方法的依据是什么？在说明文中作者通常会用什么风格的语言向读者介绍事物？

2. 水乡的桥

⊙陈从周

提起“江南水乡”，不由使人想到“户藏烟浦，家具画船”一些水乡景色，每当杏花春雨、秋水落霞，更令人依恋难忘了。这明秀柔美的江南风光，是与形式丰富多变的水上桥梁所分不开的。它点缀了移步换影的景色，刻画了水乡的特征，同时又解决了交通问题。我们的祖先是如何地从功能与艺术两方面来处理了复杂的水乡交通，美化了村镇城市的面貌。

文章介绍的是水乡的桥，却从水乡景色谈起。引用古诗词中的语句，增强了文学色彩，引起读者的阅读兴趣。

在水道纵横、平畴无际的苏南、浙北地带，桥每每五步一登、十步一跨，触目皆是。在绿满江南的乡村中，一桥如带，水光山色，片帆轻橹，相映成趣。但在城镇中，桥又是织成水乡城镇的重要组成部分之一。每当舟临其境，必有市桥相迎。人经桥下，

水乡的桥极具古典韵味，说明语言多用四字词语，结构对称，简洁典雅。内容与形式和谐统一，使读者的阅读过程少了枯燥，多了情趣。

常于有意无意之中，望见古塔钟楼，与夹岸水阁人家，次第照眼了。数篙之后，又忽开朗，渐入柳暗花明的境界。

这些水乡的桥，因为处于水网地带，在建造时都是运用了“因地制宜”与“就地取材”的原则，在结构与外观上往往亦随之而异。例如，在涓涓的水流上，仅需渡人，便点一二块“步石”，或置略高出水面的板梁，小桥枕水，潆洄村居。在一般的河流上，大多架梁式桥或拱桥，因河流的广狭及行船的多寡，又有一间（拱）、三间（拱）乃至五间（拱）的。上海青浦的放生桥，横跨漕港，是上海地区最大的石拱桥。江南水乡，河流纵横多支，为了适应这种情况，往往数桥相望，相互“借景”成趣；亦有在桥的平面上加以变化来解决这个矛盾的，浙江绍兴宋宝祐四年（1256）建的八字桥，因为跨于三条河流的汇合处，根据实际需要，在平面与形式上有似“八”字。为便利行船背纤用的“挽道桥”，多数是较长的，像苏州的宝带桥，建于明正统七年至十一年（1442—1446），为联拱石桥。计孔五十三，其中最高三孔以通巨舟。这类长桥

“多数”这个词可否删去？为什么？

中，著名的还有吴江的垂虹桥（建于元泰定三年，1326），而于绍兴尤为常见，长桥卧波，若长虹，似宝带，波光桥影，更为水乡的绮丽增色。

桥的形式以拱桥变化最多，有弧拱、圆拱、半圆拱、尖拱、五边形拱、多边形拱等。青浦普济桥为宋咸淳元年（1265）建造，迄今已快八百年了，古朴低平，其拱券结构，不失为我国桥梁发展中的重要物证。绍兴广宁桥为多边形拱桥，重建于明万历二年（1574），雄伟坚挺，桥心正对大善寺塔，为极好的水上“对景”。在建筑材料方面，不论梁式桥与拱桥，皆以石料为主，不过亦有少数砖木混合结构与木结构的。砖木混合结构桥，去冬在青浦发现一座元代桥梁，名为迎祥桥，可称是比较有代表性的，它巧妙地运用了石柱木梁及砖桥面，秀劲简洁，宛如近代桥梁。除了桥的本身外，尚有用附属建筑来丰富美化它，苏州横塘古渡的亭桥便是平添一景。宝带桥桥边，还置小塔、石狮，桥堍又建石亭，使修直的桥身起了轻匀的节奏。

本段中，作者是从哪三个方面来说明水乡的桥的？请用横线将关键词画出来。

为什么说水乡的桥是“我国古代劳动人民的智慧与力量的结晶”？

水乡的桥是那么丰富多彩，经过了漫长岁月的考验，到现在还发挥其作用，不论在艺术的造型上、风景的点缀上，都具有鲜明的民族风格，这是我国古代劳动人民的智慧与力量的结晶。如今，我国桥梁工作者正从这些宝贵的遗产中，推陈出新，创造着不少既有民族传统，又适合今日功能的新型桥梁。

学习提示

要快速提取说明文中的关键信息，除了要关注标题（小标题）、首尾段、段首句外，还要关注段落中由关联词语领起的语句、句式相近的语句、带有顺序提示词的语句以及出现在各种说明方法前后的语句等。

说明方法并非随意使用，也非越多越好，应根据说明的需要恰当选用。“举例子”在各类说明文中被广泛运用，“列数字”“画图表”用来提供科学、准确、直观的数据信息，“摹状貌”“打比方”用来介绍形态不规则的事物或阐述抽象事理……在阅读过程中要结合文本具体内容体会不同说明方法的表达效果。

说明文的语言风格各异，但都须坚守准确、严谨的底线。只有语言风格与说明对象的特点和谐统一的说明文才是上品。

1. 桥之美

⊙吴冠中

“我走过的桥比你走过的路还长”，现在大概很少有人用这口吻教训后生小子了！人生一世自然都要经过无数的桥，除了造桥的工程人员外，恐怕要算画家见的桥最多了。

美术工作者大都喜欢桥，我每到一地总要寻桥。桥，多么美！“小桥流水人家”，固然具诗境之美，其实更偏于绘画的形式美：人家——房屋，那是块面；流水，那是长线、曲线，线与块面组成了对比美；桥与流水相交，更富有形式上的变化，同时也是线与面之间的媒介，它是沟通线、面间形式转变的桥！如果煞它风景，将江南水乡或威尼斯的石桥拆尽，虽然绿水依旧绕人家，但彻底摧毁了画家眼中的结构美，摧毁了形式美。

石拱桥自身的结构就很美：圆的桥洞、方的石块、弧的桥背，方、圆之间相处和谐、得体，力学的规律往往与美感的规律相拍合。不过我之爱桥，并非着重于将桥作为大件工艺品来欣赏，也并非着眼于自李春的赵州桥以来的桥梁的发展，而是缘于桥在不同环境中的多种多样的形式作用。

茅盾故乡乌镇的小河两岸都是密密的芦苇，真是密不透风，每当其间显现一座石桥时，仿佛发闷的苇丛做了一次深呼吸，透了一口舒畅的气。那拱桥的强劲的大弧线，或方桥的单纯的直线，都恰好与芦苇丛构成鲜明的对照美。早春天气，江南乡间石桥头细柳飘丝，那纤细的游丝拂着桥身坚硬的石块，即使碰不见晓风残月，也令画家销魂！湖水苍茫，水天一色，在一片单纯明亮的背景前突然出现一座长桥，卧龙一般，它有生命，而且往往有几百上千年的年龄。人们珍视长桥之美。颐和园里仿造的卢沟桥只17孔，苏州的宝带桥53孔之多，如果坐小船沿桥缓缓看一遍，你会感到像读了一篇史诗似的满足。广西、云南、贵州等省山区往往碰到风雨桥，桥面上盖成遮雨的廊和亭，那是古代山水画中点缀人物的理想位置。因桥下多半是急流，人们到此总要驻足欣赏飞瀑流泉，画家和摄影师们必然要在此展开一番搏斗。

张择端在《清明上河图》里将桥作为画卷的高潮，因桥上桥下，往返行人，各样船只，必然展现生动活泼的场面，两岸街头浓厚的生活情调也被桥相连而成浓缩的画图。矛盾的发展促成戏剧的高潮，形象的重叠和交错构成丰富的画面，桥往往担任了联系形象的重叠及交错的角色，难怪绘画和摄影作品中经常碰见桥。极目一片庄稼地，有些单调，小径尽头忽然出现一座小桥，桥下小河里映着桥的倒影，倒影又往往被浮萍、杂草刺破。无论是木桥还是石桥，其身段的纵横与桥下的水波协同谱出形与色的乐曲。田野无声，画家们爱于无声处静听桥之歌唱，他们寻桥，仿佛孩子们寻找热闹。高山峡谷间，凭铁索桥、竹索桥交通。我画过西藏、西双版纳及四川等地不少索桥，人道索桥险，画家们眼里的索桥却是一道线，一道富有弹性的线！一道孤立的线很难说有什么生命力，是险峻的环境孕育了桥之生命，是山岩、树丛及急流的多种多样的线的衬托，才使索桥获得了具有独特生命力的线的效果。

南京长江大桥远看也是一道直线，直线美不美？直线是否更符合新的审美观？不宜笼统地提问，不能笼统地答复，艺术形式处理中，往往是失之毫厘，谬以千里。为了画长江大桥，我曾爬上南京狮子山，就是想寻找与桥身的直线相衬托、呼应、引申的点、线、面！为了画钱塘江大桥，我曾两次爬到六和塔背后的山坡上，但总处理不好那庞大的六和塔与长长的桥的关系，因而构不成画面。虽然滨江多垂柳，满山开桃花，但脂粉颜色哪能左右结构之美呢！成昆路上，直线桥多，列车不断地过桥、进洞，出洞、过桥，几乎是桥连洞，洞连桥。每过环形的山谷，前瞻后顾，许多桥的直线时时划断陡坡，有时显得险而美，有时却险而不美，美与险并不是一回事。

摄影师和画家继续在探寻桥之美，大桥、小桥，各有其美。有人画鹊桥，喜鹊构成的桥不仅意义好，形式也自由，生动活泼。凡是起到构成及联系之关键作用的形象，其实也就具备了桥之美！

2. 桥梁远景图

⊙茅以升

少年朋友们，你们都该听过牛郎织女的神话吧。牛郎和织女原是天上的两颗星，据说他俩都是神仙，每年在“天河”上的鹊桥相会一次。这“鹊桥”就是喜鹊搭的一座桥，它们真是杰出的桥梁工程师——你们想想看，这天河该有多宽啊！同时也可见桥梁的重要，虽是神仙，也还需要桥。

桥是什么？不过是一条板凳。两条腿架着一块板，板上就可承担重量。把这板凳放大，“跨”过一条河，或是一个山谷，那就形成一座桥。在这里，板凳的腿就是“桥墩”，桥墩下面，伸入土中的“脚”，就是“基础”，板凳的板就是“桥梁”。一座桥就是由这三部分构成的。桥上的车辆行人，靠桥梁承载；桥梁的重量，靠桥墩顶托；桥墩的压力，通过基础，下达土中或石层。

现在就让我来作为幻想家，为将来的桥梁，绘出一幅远景图吧！

有人说将来飞机多得不得了，人人都可在天上飞，还要什么火车、汽车，更不需要桥梁了。我想不见得。飞机的速度虽然快，但地球还只是这么大，而且人口也在增多，将来人们全都坐飞机上了天，挤来挤去，还能飞得快吗？这就不能不发挥陆上交通和水上交通的潜力了，因而桥梁还是少不了的。不过，那时的桥梁就不是今天的样子了。

将来的桥梁一定造得又快又好，像南京长江大桥那样大的桥，几个月就可以完成了。那时所有建桥的材料，都可在工厂里通过自动化，预先制成标准构件；造桥时，在水里把它们拼装成为桥墩；在桥墩上把它们架设成为桥梁，一口气作业，几乎是才听说造桥，就看见“一桥飞架”了！

将来的桥梁一定造得很便宜。现在用的各种合金钢及高强度混凝土会由高分子新材料来代替，重量轻而强度高。桥梁构件的制造，一律自动化。桥墩的水下工程，可用机器人操作，动作灵巧，由人在水上指挥。桥墩基础，不必沉到那么深，在松软的土质中，可以加进凝固剂，把软土变成硬土。架桥时，全用电脑控制各种机具，差不多不需人的劳动力。采用了这些新技术，当然桥的成本就低了。

将来的桥梁一定造得很美。一座桥的轮廓和组成部分，会安排得为大地生色，为江山添娇。桥的构件不再是现在的直通通的棍子，而是柔和的，有如花枝一般；它也不是头尾同样粗细，而是全身肥瘦相间的。各个构件都配搭成各种姿态，而且各有不同的色彩，把全桥构成一幅美丽的图画。桥上的人行道上还有小巧玲珑的亭台楼阁，让人们在这长廊中穿过时，“胜似闲庭信步”。

将来的桥梁一定造得很低。现在造桥的费用之所以大，往往不在桥长而在桥高。因为桥下要走船，如果水高船也高，水涨船高，桥就更要高了。桥一高，两岸的路面也要高起来，高的路面上又要造桥，这种桥的下面是陆地而不是水，名叫“引桥”，引桥的工程往往比水上“正桥”的工程还大。现在有一种活动桥，桥面很低，平常走车，等到有船过桥时，就把一个桥孔打开来，等船过去再关上。但是因为桥孔的开关很慢，对于走车过船都不方便，因而这种桥虽然便宜，却用得很少。将来的桥梁，可就大不同了。桥孔可以用极轻的材料如玻璃钢制成，开动桥孔的机器，也比现在的灵活得多，因而开桥、关桥的时间可以大大缩短。而且桥上有自动远距离控制的设备，有船过桥时，它会自动打开桥孔，并且预先对两岸路上的车辆发出信号，让它们知道桥下正在过船。等船一过去，桥孔立刻自动关好，车辆可以很快地过河，这样对于水陆交通两不妨碍。

将来一定会有没有水中桥墩的大桥。现在的郑州黄河铁路桥，长约三公里，河中有很多桥墩。但到将来，像这样的长桥，或者更长的桥，如果有需要的话，只要一个桥孔，就可跨过江了。江中没有桥墩，对于过船、过水，当然好得多。这样长跨度的桥，一定也是很高的，最适宜于跨海。

将来在很深的水里造桥，不必把桥墩沉到水底，而把桥墩做成空心的箱子，让它浮在水中。桥上无车时，它就浮得高些；桥上有车时，它就浮得低些。这高低当然不能相差过多，以免行车困难。同时，还要把各孔桥梁，从桥的这一头到桥的那一头，牢固地联系在一起，使整个桥梁成为一体，车在上面走，不致颠簸不稳。

将来的桥不一定是直通通的，而是可以弯曲的，车子过桥就转个大弯。这是因为桥两头的路都与河身平行，与桥身垂直，如用笔直的桥，桥两头的引桥就不易布置了。现在公园里有“七曲桥”“九曲桥”等，一段曲向左，一段曲向右，为的是点缀风景，并非使桥转弯。将来的弯曲桥可就大不同了。问题在于桥孔的长度。每孔桥搭在两头桥墩上，如桥身弯曲过甚，桥墩就支持不住了。可以设想，这种弯曲的桥身，不靠下面桥墩的支持，而靠空中的缆索悬挂（缆索是固定在两岸的石山里的），不就可以自由转弯了吗?

将来也会有很小很轻便的桥，可以随身携带，遇到小河，随时架起来，就可在上面走过河。这种“袖珍桥”也许要用一种极轻极软、强度又极高的塑料制成极薄的管子，用打气筒打进空气，这管子就成为一根非常坚硬的杆件。用这样的杆件预先造成桥的形状，把它们折叠起来，放在身边，如同带雨衣一样，在走到河边时，打打气就架起一座桥，岂不是不用“望洋兴叹”了吗?

将来还会出现“无梁飞渡”。那时的车子装有利用高压空气的浮力设备，在高速度时，车子就会稍微离开地面，不靠地面支持而飞速前进，遇到小河，就能一跃而过。这种长了“翅膀”的车子，越来越多，将来在大河修桥时，只要在水里造几个桥墩，当车子跳上第一个桥墩，由于桥墩的反弹，再跳上第二个桥墩，不论河面多宽，多跳几跳，也就跳过去了，这样的“无梁桥”，该算是最进步的桥吧！

（有删节）

我国古代的桥梁（一）

我国古代建造的桥梁，已经具备了现代桥梁工程中的梁桥、拱桥、索桥三种基本体系，有不少建筑技术在世界桥梁史上堪称壮举。我国最早见于古文献的桥梁，是西周初周文王为了迎亲，用船在渭水上搭的浮桥。另据《史记·秦本纪》载，公元前257年秦昭襄王时，在山西蒲州黄河上架设了大浮桥，这是历史上跨越黄河的第一座桥。现在我们所能看到的最古老的桥梁形象，是在汉代画像石、画像砖和壁画上描绘的桥。

3. 岳阳天下楼

⊙郑莉颖

“予观夫巴陵胜状，在洞庭一湖。衔远山，吞长江，浩浩汤汤，横无际涯，朝晖夕阴，气象万千，此则岳阳楼之大观也。”古来迁客骚人多会于此，恰如范仲淹所言“前人之述备矣”。

下瞰洞庭，前望君山。自古以来，岳阳楼享有“洞庭天下水，岳阳天下楼”的美誉，与湖北武昌黄鹤楼、江西南昌滕王阁并称为“江南三大名楼”。1988年1月更被国务院确定为全国重点文物保护单位。

悠悠历史　涓涓细流

文化古城岳阳市历史悠久，古称为“巴陵”，坐落于今湖南省北部。岳阳市，山、水、楼皆备，风景如画，名胜古迹众多。烟波浩渺的洞庭湖与绵延万里的长江在这里交汇，名冠“江南三大名楼”之首的岳阳楼，正是屹立于巴丘山下傍水而生的西门城头。岳阳风光之美，集中在洞庭湖而钟于岳阳一楼。以岳阳楼、君山为中心而构成的巴陵胜景，闻名遐迩。岳阳楼矗立于洞庭湖东岸，西临烟波浩渺的洞庭湖、北望滚滚东去的万里长江，水光楼影，相映成趣，是我国著名的旅游胜地之一。

岳阳楼相传为三国时期东吴大将鲁肃的“阅军楼”，唐玄宗开元四年（716），与唐代文学家苏颋并称“燕许大手笔”的张说贬官岳阳，正式定名为“岳阳楼”，后常与文人迁客登楼赋诗。而后，李白、杜甫、李商隐、李群玉等大诗人多流连于此，书写下成百上千篇名作佳句。由今观古，岳阳楼传承的历代文物中当推“诗仙”李白对联“水天一色，风月无边”为冠首，其次要数清代书法家张照书写的《岳阳楼记》的雕屏著名。那雕屏由12块巨大紫檀木板拼成，文章、书法、刻工、木料全属珍品，世人无不称绝。不过比之雕屏，现下人们最熟悉的当属《岳阳楼记》本身，该记为范仲淹作于滕子京重修岳阳楼之际，后经由大书法家苏舜钦书写、邵竦篆刻，且两幅作品与滕子京修楼、范仲淹作记并称为“天下四绝”，而由此树立的“四绝碑”至今保存完好。

古朴风华　匠心独具

坐西朝东，构造古朴而独特，岳阳楼高约19米，采用纯木结构，整座建筑没有一钉一铆，没用一道巨梁，仅靠木质构件的彼此勾连结为整体。在建筑风格上，其造型因露明的木梁柱、构件、装修具有线条优美的表现力，显示出中国古建筑独特的民族风格，前人将它的特色归纳为6项：木制、三层、四柱、飞檐、斗拱、盔顶。

“四柱”指的是岳阳楼的基本构架。首先承重的主柱是四根楠木，被称为“通天柱”的它们从一楼直抵三楼。而除通天柱外，其余的柱子也都是4的倍数。其中廊柱有12根，檐柱为32根。这些木柱彼此牵制结为整体，既增加了楼的美感，又使整个建筑更加坚固。

“斗拱”是汉族建筑中特有的结构，由于古代汉族建筑中房檐挑出很长，斗拱的基本功能就是对挑出的屋檐进行承托。岳阳楼的斗拱结构复杂，工艺精美，几乎非人力所能为。当地人传说其为鲁班亲手制造，承托岳阳楼的12 个飞檐。其中，覆有黄色琉璃瓦的楼顶是由层叠相衬的“如意斗拱”托举而成的盔顶式，这种拱而复翘的古代将军头盔式的顶式结构在古代汉族建筑史上是独一无二的，也是岳阳楼最突出的特点之一。

俯探岳阳楼台基，其由花岗岩围砌而成，宽17.24米，进14.54米，高0.65 米；仰观岳阳楼匾额，其挂于楼体东侧，匾长5.12米、宽1.34米、重250公斤，以7块金丝楠木制作，堪称“三湘第一匾”，由我国现代文学家、历史学家郭沫若手书。

除此之外，岳阳楼内陈设同样别具一格，各层内所悬挂的历代名家撰写楹联颇具气势。一、二、三楼均嵌有雕屏。一、二楼各嵌有一副《岳阳楼记》雕屏。一楼雕屏是19世纪的复品；二楼所嵌雕屏为18世纪大书法家张照所书，字形方正、笔力雄浑、技法多变、独具匠心，为传世一级珍品。三楼所嵌雕屏为杜甫诗《登岳阳楼》，笔法雄健奔放、形神兼备，雕屏金光耀眼、熠熠生辉。

（有删节）

我国古代的桥梁（二）

在我国的石梁桥中，以陕西西安的灞桥和福建泉州的洛阳桥、晋江的安平桥最为有名。

拱桥在我国也出现得很早。最早见于古文献的拱桥是公元282年，在河南洛阳东六七里建成的“旅人桥”。保留到今天的最古老、最著名的石拱桥是河北赵县的赵州桥（又叫安济桥，当地人俗称大石桥）。

索桥是由我国首创的桥梁形式。由于我国西南、西北地区的一些河流，谷深水急，无法筑墩建桥，古代人民就用竹、藤、铁等作索为桥。现在著名的索桥是四川都江堰的夫妻桥和泸定县的铁索桥。

4. 紫禁城中的皇家“写字楼”

⊙田　子

对于一个现代白领来说，只要不是自由职业者，工作日一般都会去写字楼上班。古代帝王的日常工作和现代白领有点儿像，主要是脑力劳动。那么，皇帝平时在哪里上班呢？紫禁城是明清两代的皇宫，宫室众多，功用各异，你知道哪些宫殿曾经作为皇家“写字楼”吗？

跨越明清两代的大型办公中心——乾清宫

古代的皇帝要遵循各种制度、规范，比如，举行大型典礼要在外朝正殿，休息时要回寝宫，工作时也有固定的办公区。明清皇帝的主要办公区有两处：早期以乾清宫为核心，后期则在养心殿。

皇帝处理的朝政分为两类：一类是礼仪性的朝政，如三大节朝贺、登基大典、册封和祭祀活动等；另一类是处理政务的朝政，如常朝、皇帝批阅奏章、御前会议等。礼仪性的活动注重仪式感，一般在外朝三大殿举行；日常处理政务的活动则多在乾清门、乾清宫、养心殿。

紫禁城中最能彰显君主权力的大型建筑均位于中轴线上，皇帝日常处理政务的区域也不例外。穿过巍峨的外朝三大殿，我们会看到东西走向的一条长街——天街，这里是外朝与内廷的分界线。天街的正中央是一座被琉璃影壁簇拥的大门——乾清门。明代皇帝上朝议事在外朝的太和门，所以那时的乾清门更像是皇帝的“家门”，其功用是分隔外朝与内廷。清代，皇帝的“御门听政”设在乾清门，距离皇帝的寝宫乾清宫仅有百余米。对于统治者来说，乾清门用于公开会议，好像一个大型会议室，而乾清宫则处于内廷中心，是一个较为私密的办公空间。明清两代，共有16个皇帝以乾清宫为寝宫，包括明朝的14位皇帝和清朝的顺治皇帝、康熙皇帝。乾清宫虽然被称为皇帝的寝宫，但它的功用与政务关系最为密切，皇帝在这里召见大臣、接见外国使节、举行内廷典礼和宴会，也在这里批阅奏章、读书学习、休息就寝。可以说，这里是一个以会客、办公为主的多功能空间。

乾清宫始建于明永乐十八年（1420），经多次烧毁修葺，现在的乾清宫是清嘉庆三年（1798）修缮的。乾清宫面阔九间，进深五间，是内廷最高大的殿宇，建筑样式很像太和殿，殿顶也是最高等级的庑殿顶，梁枋上装饰精美华丽的金龙和玺彩绘。但宫殿的高度和面积都不及太和殿，汉白玉台基也只有一层（太和殿台基为三层）。

皇帝处理政务的场所一般都有一套象征皇权的陈设，如刻有龙纹的宝座、屏风，寓意吉祥的仙鹤、角端，皇帝升座时还会燃香，一丝丝青烟从精致的香炉中升起，让一国之君的“办公时刻”格外神圣肃穆。如今，去乾清宫参观，我们会看到清代的陈设风格，因为其内部家具、装饰基本是按乾隆时期的样貌复原的。

为什么将这座宫殿定名为“乾清”呢？也许，皇帝希望在他的统治之下，天下可以得到清平和安宁。不过，作为政治权力的中心，走进乾清宫的人很难拥有清净平和之感，当人们看到“正大光明”匾额时，内心就会被强烈的权力感充斥，因为那里藏着皇位继承人的秘密。

“正大光明”匾设在乾清宫内皇帝宝座的上方，匾上的四个大字为顺治皇帝御笔题写。匾的后面藏有建储匣，这个精致的匣子装有写着皇位继承人名字的秘密文件。清朝雍正皇帝为了改变之前皇子们为了夺取皇位互相残杀的情况，确立了秘密建储制度。皇帝生前不再公开确立太子，而是将选定的皇位继承人的名字秘密书写两份，一份封好放在“正大光明”匾后的建储匣内，另一份随身携带或秘藏。当皇帝去世后，两份遗诏对照无异，新的皇帝即可登上皇位。

皇帝的紧凑办公小院——养心殿

雍正皇帝是清代第一位不以乾清宫为寝宫的帝王，他开启了紫禁城中另一个皇家“写字楼”——养心殿。

1722年，康熙皇帝病逝，皇四子胤禛继承帝业。根据当时的规定，在为先皇帝治丧期间，继承者应在倚庐居住，之后入住正式寝宫——乾清宫。雍正皇帝却没有遵循规定，而是下诏称：“朕持服二十七日后，应移居乾清宫，朕思乾清宫乃皇考六十余年所御，朕即居住，心实不忍。朕意欲居于月华门外养心殿，着将殿内略为葺理，务令素朴。朕居养心殿内守孝二十七日，以尽朕心。”在倚庐养心殿居住二十七天之后，雍正皇帝没有搬入乾清宫，而是以养心殿为寝宫，开始了他勤于政务、朴素务实的帝王生活。雍正皇帝之后，还有七位皇帝将养心殿作为寝宫，这里成了清代第二个围绕皇帝起居建立的皇家办公区。

养心殿位于故宫内廷乾清宫的西侧，外观并不宏伟，只是一座普通的宫院，但它却是雍正及后来的清代皇帝日常在紫禁城中居留时间最久的一座宫殿，晚清时期著名的“垂帘听政”也是在这里进行的。养心殿的位置极佳，距离上早朝的乾清门只要穿过一道门和一条街，军机处到这里只有一百多米，皇帝去给皇太后请安之后，散散步就可以走回寝宫。

虽然养心殿的名字寓意“养心莫善于寡欲”，养心殿里的皇帝却十分繁忙，要处理公务、接见大臣、读书、吃饭、睡觉……有这么多事情要做，其空间该如何分配呢？从宫殿上方鸟瞰，养心殿呈“工”字形，前殿与后殿之间有“穿堂子”相连，前殿用于处理公务、接待外来人员，后殿则是皇帝的寝宫，更加私密，可以用于休息、用膳。

雍正皇帝每天处理政务都十分认真，他在一份奏折上的批示常有数百字。作为雍正皇位的继承者，乾隆皇帝也不敢怠慢，对官员提交的奏折常一字不漏地详细阅读，遇到有问题的地方一定会指出，令其更正，工作时间也是比较固定的，“自朝以至日中，视事者十数刻，召对廷臣者十数刻，批阅本章者十数刻”。

与勤于政务几乎不怎么离开紫禁城的雍正皇帝不同，乾隆皇帝不仅工作认真，而且也很享受休闲生活。他在养心殿居住时间最久，共六十四年。乾隆年间的养心殿，曾放置太湖石、相风鸟（用于测风向），栽种牡丹、杏花、桃花，皇帝也在桃花树下吟诵出“九十韶华都过也，尚携春色待人看”的诗句。下雪天，养心殿也会热闹起来，有侍卫、宦官带着皇子、皇孙到这里玩雪，堆雪狮、雪象，皇帝也能在此感受天伦之乐。

在工作之余，乾隆皇帝也很喜欢欣赏书法作品。在养心殿西暖阁内，有一个极小的房间， 叫三希堂，只有八平方米，小到只能放下两张标准双人床。但这个狭小空间中却藏着很多宝贝。乾隆皇帝将晋代书法大家王羲之的《快雪时晴帖》、王献之的《中秋帖》和王珣的《伯远帖》这三件晋代墨宝藏于三希堂，视为稀世珍宝，常在这里观帖习字。《快雪时晴帖》是王羲之写的一个便条，只有二十八个字，却成了乾隆皇帝一生的“挚爱”，竟然对此帖题跋七十三次，这些题跋也都是在这小小的三希堂中写下的。后来，乾隆皇帝主持刊印《三希堂法帖》，将三百多幅书法珍品印刷成册，毫不吝啬地将“挚爱”——三件晋代墨宝也收录其中。在安静而温馨的三希堂书斋中，乾隆皇帝也体会到了分享的快乐。

当一个现代白领离开写字楼后，还要踏上或开车或乘车的漫漫回家路，而居住在紫禁城中的工作生活一体化办公区的古代皇帝们则更加轻松，推门转身之间便可进入温馨私密的卧室休息，随意迈几步就能跨入小书房享受精神世界的快乐。不过，当夜幕降临，普通百姓与朋友倾心交谈、与家人共享天伦之乐时，身居高位的皇帝们可能也会对自己的“工作”心生倦意，也想彻底卸下一国之君的重担。但是，夜色中的孤家寡人应该清楚，那一刻清欢，在他登上权力巅峰之时就与自己永别了。

楼 阁

中国古代楼阁一般为多层木构建筑。西汉以后逐渐发展并取代了春秋以来盛行的高台建筑。早期楼与阁有所区别，楼指屋上直接建屋，其中两层之间没有腰檐的又称为竖楼；阁指上下层之间除腰檐外还有平座的楼。日后带有平座的阁与一般的楼都统称为“楼阁”，楼与阁的界限已不严格。

中国现存最早的楼阁是相传建于唐代并于辽统和二年（984）重建的天津蓟县（今天津市蓟州区）独乐寺观音阁。古代的楼阁大都为木质结构，有的甚至里里外外不用一根铁钉，全部用木料做框架，框架节点用“斗槽”连接，木与木相交处都以木齿相咬合，其结构之巧妙，令人称奇。

单元学习任务

任务一

请参照《桥之美》解读示例，从《岳阳天下楼》中提取关键信息，把握说明对象的特征，理清行文思路。

阅读篇目	说明对象的特征	行文思路
桥之美	能起到构成及联系之关键作用	1.美术工作者爱桥，因其既具诗境美，更偏于绘画美。（总） 2.举例说明桥之美。（分） ①桥在不同环境中多样的形式作用； ②桥与周围景物构成鲜明的对照； ③桥担任联系形象的重叠及交错的角色； ④桥美与否不能笼统提问和答复。 3.凡是起到构成及联系之关键作用的形象，就具备了桥之美。（总）
岳阳天下楼		

任务二

请从本单元的组文阅读中选择自己最喜欢的一篇说明文，从文中选择5～10处运用说明方法进行精当说明的语句（语段），用波浪线勾画并以批注形式分析此处运用说明方法的作用。批注内容可参照以下示例：

坐西朝东，构造古朴而独特，岳阳楼高约19米，采用纯木结构，整座建筑没有一钉一铆，没用一道巨梁，仅靠木质构件的彼此勾连结为整体。

此句运用了列数字、摹状貌的说明方法，准确、具体地说明了岳阳楼构造古朴而独特的特点。

任务三

请从文中摘录不同语言风格的语句，填入下表。填表后观察所填内容，说说你的发现。

语言风格	桥梁远景图	岳阳天下楼	紫禁城中的皇家“写字楼”
准确、严谨			如今，去乾清宫参观，我们会看到清代的陈设风格，因为其内部家具、装饰基本是按乾隆时期的样貌复原的。

（续表）

语言风格	桥梁远景图	岳阳天下楼	紫禁城中的皇家“写字楼”
平实	桥是什么？不过是一条板凳。两条腿架着一块板，板上就可承担重量。把这板凳放大，“跨”过一条河，或是一个山谷，那就形成一座桥。		
生动			皇帝处理政务的场所一般都有一套象征皇权的陈设，如刻有龙纹的宝座、屏风，寓意吉祥的仙鹤、角端，皇帝升座时还会燃香，一丝丝青烟从精致的香炉中升起，让一国之君的“办公时刻”格外神圣肃穆。
典雅		岳阳楼矗立于洞庭湖东岸，西临烟波浩渺的洞庭湖、北望滚滚东去的万里长江，水光楼影，相映成趣，是我国著名的旅游胜地之一。	

名园古迹

建筑是凝固的音乐，是散落在大地上的音符。中国园林历史悠久，处处体现出节奏和韵律之美。一处处园林，构成一曲曲风格各异的乐章。亭台轩榭、假山叠石、树木花草，配以池塘溪水、绿荷游鱼、蝉鸣鸟语，如天籁之音，悠远而动听，使人心旷神怡、流连忘返……透过这些佳作，我们会明白园林之美不仅在于形式，更在于文化价值和审美价值。

学习本单元文章，在欣赏中国园林古迹、培养自己审美情趣的同时，要关注说明文的结构特点，学会分析作者是抓住说明对象的什么特征有条理地进行说明的。同时，还要注意体会作者是如何灵活运用恰当的说明方法说明事物特征的。

1. 说园（节选）

⊙陈从周

我国造园具有悠久的历史，在世界园林中树立着独特风格，自来学者从各方面进行分析研究，各抒高见，如今就我在接触园林中所见闻掇拾到的，提出来谈谈，姑名“说园”。

园有静观、动观之分，这一点我们在造园之先，首要考虑。何谓静观，就是园中予游者多驻足的观赏点；动观就是要有较长的游览线。二者说来，小园应以静观为主，动观为辅，庭院专主静观。大园则以动观为主，静观为辅。前者如苏州“网师园”，后者则苏州“拙政园”差可似之。人们进入网师园，宜坐宜留之建筑多，绕池一周，有槛前细数游鱼，有亭中待月迎风，而轩外花影移墙，峰峦当窗，宛然如画，静中生趣。至于拙政园径缘池

仔细品读这段文字，用自己的话概括何为“静观”，何为“动观”。

转，廊引人随，与“日午画船桥下过，衣香人影太匆匆”的瘦西湖相仿佛，妙在移步换景，这是动观。立意在先，文循意出。动静之分，有关园林性质与园林面积大小。像上海正在建造的盆景园，则宜以静观为主，即为一例。

“虽由人作，宛自天开”，体现了中国园林模仿自然、超越自然，以自然的方法造园的特点。

中国园林是由建筑、山水、花木等组合而成的一个综合艺术品，富有诗情画意。叠山理水要造成“虽由人作，宛自天开”的境界。山与水的关系究竟如何呢？简言之，模山范水，用局部之景而非缩小（网师园水池仿虎丘白莲池，极妙），处理原则悉符画本。山贵有脉，水贵有源，脉源贯通，全园生动。我曾经用“水随山转，山因水活”与“溪水因山成曲折，山蹊随地作低平”来说明山水之间的关系，也就是从真山真水中所得到的启示。明末清初叠山家张南垣主张用平冈小陂、陵阜陂阪，也就是要使园林山水接近自然。如果我们能初步理解这个道理，就不至于离自然太远，多少能呈现水石交融的美妙境界。

这句话在文中有什么作用？

中国园林的树木栽植，不仅为了绿化，且要具有画意。窗外花树一角，即折枝尺幅；山间古树三五，幽篁一丛，乃模拟枯木竹石图。重姿态，不讲品种，和盆栽一样，能“入画”。拙政园的枫杨、网师园的古柏，都是一园之胜，左右大局。如果这些饶有画意的古木去了，一园景色顿减。树木品种又多有特色，如苏州留园原多白皮松，怡园多松、梅，沧浪亭满种箬竹，各具风貌。可是近年来没有注意这个问题，品种搞乱了，各园个性渐少，似要引以为戒。

宋人郭熙说得好：“山以水为血脉，以草为毛发，以烟云为神采。”草尚如此，何况树木呢？我总觉得一个地方的园林应该有那个地方的植物特色，并且土生土长的树木存活率大，成长得快，几年可茂然成林。它与植物园有别，是以观赏为主，而非以种多斗奇。要能做到“园以景胜，景因园异”，那真是不容易。同中求不同，不同中求同，我国园林是各具风格的。古代园林在这方面下过功夫，虽亭台楼阁，山石水池，而能做到风花雪月，光景常新。

此处引用著名山水画家郭熙的言论，说明在不同的季节园林会呈现不同的风光。

我们民族在欣赏艺术上存乎一种特性，花木重姿态，音乐重旋律，书画重笔意等，都表现了要用水磨功夫，才能达到耐看耐听，经得起细细的推敲，蕴藉有余味。在民族形式的探讨上，这些似乎对我们有所启发。

学习提示

中国园林历史悠久，数量众多，风格各异。用一篇文章进行总体介绍着实不易，本文节选了中国著名古建筑园林艺术学家陈从周先生《说园》的部分段落，从观赏园林的不同方式、叠山理水师法自然、栽种花木着眼画意等角度介绍了中国园林艺术的特点。

阅读说明文要善于抓住各段的关键句，从宏观视角把握全文结构。关键句可以是总领句，可以是总结句，也可以是段中承上启下的过渡句，请找一找本文中的关键句。

2. 假　山

⊙叶圣陶

佩弦到苏州来，我陪他看了几个花园。花园都有假山，作为园子的主要部分。假山下大都是荷花池。亭台轩榭之类就环拱着假山和池塘布置起来。佩弦虽是中年人，而且身子比较胖，却还有小孩的心性，看见假山总想爬。我是幼年时候爬熟了这几座假山了，现在再没有这种兴致，只是坐定在一处地方对着假山看看而已。

假山实在算不得一件好看的东西。乱石块堆叠起来，高高低低，凹凹凸凸，且不说天下绝没有这样的山，单说阳光照在上面，明一块，暗一块，支离破碎，看去总觉得不顺眼。石块与石块的胶粘处不能不显出一些痕迹，旧了的还好，新修的用了水门汀（英语cement

这句话在文章中有什么作用？

水泥的旧译），一道道僵白色真令人难受。玄墓山下有一景，叫作“真假山”，是山脚露出一些石块，有洞穴，有皱襞，宛如用湖石堆成的一般。胶粘的痕迹自然没有，走近去看还可以鉴赏山石的“皴法”。然而合着玄墓山一起看，这反而成为一个破绽，跟一山的调子不协调。可观的“真假山”，依我的浅见，要算太湖中洞庭西山的石公山了。那里全山是湖石，洞穴和皱襞俯拾即是，可是浑然一气。又有几十丈高的幛壁，比虎丘“千人石”大得多的石滩，真当得上“雄奇”二字。看了石公山再来看花园里的假山，只觉得是不知哪一个石匠把他的石料寄存在这里罢了。

假山上大都种树木，盖亭子。往往整个假山都在树木的荫蔽之下，而株数并不多，少的简直只有一株。亭子里总得摆一张石桌，可以围坐几个人，一座亭子镇压着整个所谓“山峰”也是常有的事。这就显得非常不相称。你着眼在山一方面，树木和亭子未免太大了，如果着眼在树木和亭子一方面，山又未免小得可笑了。《浮生六记》里的《闲情记趣》开头说：

留蚊于素帐中，徐喷以烟，使其冲烟飞鸣，作青云白鹤观，果如鹤唳云端，怡然称快。于土墙凹凸处、花台小草丛杂处，常蹲其身，使与台齐，定神细视。以丛草为林，以虫蚁为兽，以土砾凸者为丘，凹者为壑，神游其中，怡然自得。

作者引用《浮生六记》中这段话的目的是什么？

这不失为很好的幻想。作者所以能“怡然称快”“怡然自得”，在乎比拟得相称。以烟为云，自不妨以蚊为鹤；以丛草为树林，以土砾为丘壑，自不妨以虫蚁为走兽。假若在蚊帐中“徐喷以烟”，而捕一只麻雀来让它逃来逃去，或者以丛草为树林，而让一只猫蹲在丛草之上，这就凝不成“青云白鹤”和“林壑幽深”的幻想，也就无从“怡然”了。假山上长着大树，盖着亭子，情形正跟上面所说的相类。不相称的东西硬凑在一起，只使人觉得是大树长在乱石堆上、亭子盖在乱石堆上而已。

“据说”一词可否删去？为什么？

据说假山在花园中起障蔽的作用。如果全园的景物一目了然，东边望得到西边，南边望得到北边，那就太不曲折，太没有深致了。有假山障蔽着，峰回路转，又是一番景象，这作者并非全盘否定假山的作用，此处列举的顾家怡园中的假山就颇有匠心，引人遐想，艺术效果好。

才引人入胜。这个话当然可以承认，而且有一些具体的例子证明这个作用的价值。顾家的怡园，靠西一带假山把全园的景物遮掩了，你走到假山的西边去，回廊和旱船显得异常幽静，假山下的一湾水好像是从远处的泉源通过来的（其实就是荷花池中的水），引起你的遐想。还有，拙政园的进园处类似从前衙署中的二门，如果门内留着空旷处所，从园中望出来就非常难看。当初设计的人为弥补这个缺陷，在门内堆了一座假山，使你身在园中简直看不见那一道门。可见假山的障蔽作用确有它的价值。然而障蔽不一定要用假山。在园林建筑上，花墙极受重视，也为它的障蔽作用。墙上砌成各式各样的镂空图案，透着光，约略看得见隔墙的景物。这种“隔而不隔”的手法，假若使用得适当，比较堆假山作障蔽更有意思。此外，丛树也可以作障蔽之用。修剪得法，一丛树木还可以当一幅画看。用假山，固然使花园增加了曲折和深致，但是也引起了一堆乱石之感。利弊相较，孰轻孰重，正难断言。

依传统说法，假山并不重在真有山林之

趣，假山本来是假山。路径的盘曲，层次的繁复，凡是山上所有的景物，如绝壁、危梁、岩洞、石屋，应有尽有，正合“麻雀虽小，五脏俱全”的谚语，在这等地方，显出设计的人的匠心。而假山的可贵也就在此。有名的狮子林，大家都说它了不起，就因为那假山具有上面所说的那些条件。我小时候还没到过狮子林，长辈告诉我说，那里的假山曲折得厉害，两个人同在山上，看也看得见，手也握得着，但是他们要走到一条路上，还得待小半天呢。后来我去了，虽然不至于小半天，走走的确要好些时间。沿着高下屈曲的路径走，一路上遇见些“具体而微”的山上应有的景物。总之是层次多，阻隔多。就从这个诀窍，产生了两个人看得见而不能立刻碰头的效果。要堆这样一座假山当然不是容易事，不比建筑整整齐齐的房屋，可以预先打好平面和剖面的图样。这大概是全凭胸中的一点意象，堆上了，看看不对就卸下，卸下了，想停当了，再堆上，这样精心经营，直到完工才得休歇。然而不容易的事不一定做成功就一定具有艺术价值。在芝麻大的一粒象牙上刻一篇《陋室铭》，难是难

在作者看来，假山的可贵之处是什么？为什么这么说？

极了，可是这东西终于是工匠的制品，无从列入艺术之林。你在假山上爬来爬去，只觉得前后左右都是石块，逼窄得很。遇见一些峭壁悬崖，你得设想自己缩到一只老鼠那样小才有味。如果你忘不了自己是个人，让躯体跟峭壁悬崖对照，那就像走进了小人国一般，峭壁悬崖再没有什么气魄，只见得滑稽可笑了。爬到“绝顶”的时候，且不说一览宇宙之大，你总要想来一下宽广的眺望吧。但是糟得很，什么堂什么轩的屋顶就挤在你眼前，你可以辨认那遗留在瓦楞上的雀粪。真山真水若是自然手创的艺术品，假山便是人类的难能而不可贵的“匠”制。凡是可以从真山真水得到的趣味，假山完全没有。

这里的“匠”与“别具匠心”中的“匠”用法一样吗？

看既没有可看，爬又无甚意趣，为什么花园里总得堆一座假山呢？山不可移。叠起一堆乱石来硬叫它山，石块当然不会提抗议，而主人翁便怡然自得，心里想：万物皆备于我矣，我的花园里甚至有了山。舒服得无可奈何的人往往喜爱“万物皆备于我”，古董、珍宝、奇花、异卉、美人、声伎，样样都要，岂可独缺名山？堆了假山，虽然眼中所见的到底不是山，而心中总之有了山了，于是并无遗憾。兴到时吟吟诗、填填词，尽不妨夸张一点儿，“苍崖千丈”呀，“云气连山”呀，写上一大套征求吟台酬和，作为消闲的一法。这不过随便揣想罢了，从前的绅富爱堆假山究竟是这个意思不是，当然不能说定。

作于1936年

叶圣陶先生在《苏州园林》一文中，给我们打开了苏州园林的美丽之门，引领我们充分感受了中国古代园林艺术的美。而在本文中，叶圣陶先生却反弹琵琶，语出惊人，批评起园林中重要的角色——假山来，说“假山实在算不得一件好看的东西”。为什么呢？请大家认真阅读文章，找找原因。你是否同意作者的看法呢？说说你的理由。

在说明文中恰当地引用古诗文或名言等，使文章既具有科学性，又具有文艺笔调，也增强了说明的可信度与说服力。找找本文中的引用之处，说说它们的作用。

1. 赏菊狮子林

⊙周瘦鹃

节气已过小雪，而江南一带不但毫无雪意，天气还是并不太冷，连浓霜也不曾有过，菊花正开得挺好，正是举行菊展的好时刻。大型的菊展，是在狮子林举行的。凡是苏州市各园林的菊花，几乎都集中于此，大大小小数千百盆，云蒸霞蔚地蔚为大观。

一进狮子林大门，就瞧见前庭陈列着不少盆菊，五色缤纷，似乎盛装迎客。沿着走廊北进，到了燕誉堂，堂前假山上、花坛里，都错错落落地点缀着菊花，堂上每一几、每一案，都陈列着大小方圆的陶盆、瓷盆，盆中都整整齐齐地种着细种、名种的菊花，真是形形色色、林林总总，任是丹青妙手，怕也没法儿一一描画出来。当初陶渊明所爱赏的，大概只有黄菊一种，怎能比得上我们今天的幸运，可以看到这样丰富多彩的各种名菊而大开眼界、大饱眼福呢。

这一带原是园中的建筑群，燕誉堂的后面是一个小小结构的小方厅，从后院中，走出一扇海棠式的门，就到了揖峰指柏轩。再向西进，便是旧时建筑物中仅存的所谓古五松园。每一座厅、一座轩、一座堂，都陈列着多种多样的名菊，而这些厅堂前后都有院落，都有假山，也一样用多种多样的名菊随意点缀着。这处处都是不可胜数的名菊，都是公园、拙政园、留园、狮子林、网师园等花工们一年劳动的结晶。

揖峰指柏轩的前面，有一条狭狭的小溪，溪上架着一条弓形的石桥，桥栏上齐整地排列着好多盆黄色和浅紫色的小菊花，好像是两道锦绣的花边，形成了一条绚烂的花桥。站在轩前抬眼望去，可见一座座的奇峰、一株株的古柏，就可明了轩名揖峰指柏的含义。此外还有头角峥嵘的石笋和木化石，都是五六百年来身历兴废的古物，还是元代造园时就兀立在这里的。这一带的假山迂回曲折，路复山重，要是漫不经心地随意溜达，就好像误入了诸葛孔明的八卦阵，迷迷糊糊地找不到出路。

荷花厅在揖峰指柏轩之西，厅前有大天棚很为爽垲，这是供游客们啜茗休憩的所在。棚临大池塘，种着各色各种荷花，入夏翠盖红裳，足供欣赏。现在荷花没有了，却可在这里赏菊；原来花工们别出心裁，在前面连绵不断的假山上，像散兵线般散放着一盆盆黄白的菊花，远远望去，倒像是秋夜散布天际的星斗一样。出厅更向西进，有一个金碧辉煌的水榭，上有蓝地金字匾额，大书“真趣”二字，并没款识，据说是清帝乾隆所写的。西去不多远，有一只石造的画舫，窗嵌五色玻璃，十分富丽；现在船舷、船头、船尾上，都密集地安放着各色小型的盆菊，形成了一只美丽的花船。沿着长廊再向西去，由假山上拾级而登，就是赏梅所在的暗香疏影楼。出楼向南，得一亭，叫作听涛亭，与荷池边的观瀑亭遥遥相对，原来这里是西部假山最高的所在，下有人造瀑布，开了机括，水从隐蔽着的水塔管中汤汤下泻，泻过湖石叠成的几叠水坝，活像山中真瀑，挂下一大匹白练来，气势磅礴、水声滔滔，边看边听，使人心腑一清；这是狮子林的又一特点，为其他园林所没有的。出亭，过短廊，入问梅阁，古诗云："君自故乡来，应知故乡事。来日绮窗前，寒梅著花未？"因阁下多梅树，就借用"问梅花开未"的意思，作为阁名。阁中桌凳，都作梅花形，窗上全是冰梅纹的格子，而又挂着"绮窗春讯"四字的横额，都是和梅花互相配合的。现在当然不用问梅花开否，但也有菊花可赏，林和靖可只得反串陶渊明了。从这里一路沿廊下去，还有双香仙馆、扇子亭、立雪亭、修竹阁等建筑物，为了这一带已没有菊花，也就不用流连了。

2. 春游颐和园（节选）

⊙沈从文

我们似可把颐和园分成五个大单位去游览。

第一是进门以后的建筑群。这个建筑群除中部大殿外，计包括东边的大戏楼和西边的乐寿堂，以及西边前面一点的玉澜堂。玉澜堂相传是光绪被慈禧太后囚禁的地方，院子和其他建筑隔绝自成一个小单位。到这里来的人，还可从门口的说明牌子，体会到六十年历史一鳞一爪。参观大戏台，得往回路向东走。这个戏台和中国近代戏曲发展史有些联系，中国京戏最出色的演员谭鑫培、杨小楼，都到这台上演过戏。戏台上下分三层，还有个宽阔整洁的后台和地下室，准备了各种机关布景。例如表演《孙悟空大闹天宫》或《水漫金山寺》时，台上下到必要时还会喷水冒烟。演员也可以借助于技术设备，一齐腾空上升，或潜入地下，隐现不易捉摸。戏台面积比看戏的殿堂大许多，原因是这些戏主要是演给专制帝王和少数贵族官僚看的，演员百余人在台上活动，看戏的可能只三五十人。社会在发展中，六十年过去了，帝王独夫和这些名艺人十之八九都已死去。为人民爱好的艺术家的绝艺，却继续活在人们记忆中，由于后辈的学习和发展，日益光辉而充实以新的生命。由大戏楼向西可到乐寿堂。这是六十年前慈禧做生日大排寿筵的地方。颐和园陈设彩绘装饰中，有许多十九世纪显然见出半殖民地化的开始的不中不西恶俗趣味处，就多是当时在广东上海等通商口岸办洋务的奴才，为贡谀祝寿而作来的。也有些是帝国主义者为侵略中国的敲门砖。中国瓷器中有一种黄绿釉绘墨彩花鸟，多用紫藤和秋葵作主题，横写“天地一家春”的款识的，器形彩绘相当恶俗，也是这个时期的生产。乐寿堂庭院宽敞，建筑虽不特别高大，却显得气魄大方。本院和西边一小院，春天时玉兰和海棠都开得格外茂盛。

第二部分是长廊全部和以排云殿、佛香阁为主体，围绕左右的建筑群。这是目下全个园子建筑最引人注意部分，也是全园的精华。有很多建筑小单位，或是一个四合院，或是一组列房子，内部布置得都十分讲究。花木围廊，各具巧思。但是从整体或部分说来，这个建筑群有些只是为配风景而作的，有些宜近看，有些只合远观。想总括全部得到一个整体印象，得租一只小游船，把船直向湖中心划去，再回过头来，看看这个建筑群，才会明白全部设计的用心处。因为排云殿后面隙地不多，山势太陡，许多建筑不免挤得紧一点。如东边的转轮藏，西边的另一个小建筑群，都有点展布不开。正背后的佛香阁，地势更加迫促。虽亏得聪明的建筑工人，出主意把上佛香阁的路分作两边，作“之”字形盘旋而上，地势还是过于迫促，石阶过于陡峭。更向西一点的“画中游”部分建筑，也由于地面窄狭，做得格外玲珑小巧。必须到湖中看看，才明白建筑工人的用意，当时这部分建筑，原来就是为配合全山风景做成的。船到湖中心时向南望，在一平如镜碧波中的龙王庙和十七孔桥，都若十分亲切地向游人招手：“来，来，来，这里也很有意思。”从这里望万寿山，距离虽远了点，可是把那些建筑不合理印象也忽略了。

第三部分就是湖中心那个孤岛上的建筑群，龙王庙是主体。连接龙王庙和东墙柳荫路全靠那条十七孔白石虹桥，长年卧在万顷碧波中，背景是一片北京特有的蓝得透亮的天空，真不愧叫作人造的虹。这条白石桥无论是远看，近看，或把船摇到下边仰起头来看，或站在桥上向左右四方看，都令人觉得满意。桥东有个大亭子，未油漆前可看出木材特别讲究，可能还是两百年前从南海运来的。岸边有一只铜牛，卧在一个白石座上，从从容容望着湖景，望着远处西山，是两百年前铸铜工人的创作。

第四部分是后山一带，建筑废址不少，保存完整的房子却不多。很明显是经过历史事变的痕迹没有修复过来。由后湖桥边的苏州街遗址，到上山的一系列殿基，直到半山上的两座残塔，这部分建筑也是在圆明园被焚的同时焚毁的。目下重要的是有好几条曲折小山路，清静幽僻，最宜散步。还有好几条形式不同的白石桥和新近修理的赤栏木板桥，湖水曲折地从桥下通过，划船时极有意思。

第五部分是东路以谐趣园做中心的建筑群，靠西上山有景福阁，靠北紧邻是霁清轩。这一组建筑群和前山后山大不相同，特征是树木比较多，地方比较僻静。建筑群包括有北方的明敞（如景福阁）和南方的幽趣（如霁清轩）两种长处。谐趣园主要部分是一个荷花池子，绕着池子有一组长廊和建筑。谐趣园占地面积不大，房子也因此稍嫌拥挤，但是那个荷花池子，夏天荷花盛开时，真是又香又好看。欢喜雀鸟的，这里四围树林子里经常有极好听的黄鸟歌声。啄木鸟声音也数这个地区最多。夏六七月天雨后放晴时，树林间的鸟雀欢呼飞鸣，更现出一片活泼生机。入小宫门向左走去，不多远地方背风向阳处，长年有一丛竹子生长。由后湖引来的一股活水，到此下坠五米，因此做成小小瀑布，夏天水发时，水声哗哗，对于久住北方平地的人，看到这些事物引起的情感，很显然都是新的。霁清轩地位已接近园中后围墙，建筑构造极其别致，小院落主要部分是一座四面明窗当风的轩，一株盘旋而上的老松树，一个孤立的亭子，以及横贯院中的一道小小溪流。读过《红楼梦》的人，如偶然到了这个地方，会联想起当年书中那个女尼妙玉的住处。还有史湘云醉眠芍药茵的故事，也可能会在霁清轩大门前边一点发生。这个建筑照全部结构说来，是比《红楼梦》创作时代略早一点。有人到过谐趣园许多次，还不知道面前霁清轩的位置，可知这个建筑的布置成功处。由谐趣园宫门直向上山路走，不多远还有个乐农轩，虽只是平房一列，房子前花木却长得极好。杏花以外丁香、海棠、梨花都很好。景福阁位置在半山上，这座重屋曲折“亚”字形的大建筑，四面窗子透亮，绕屋平台廊子都极朗敞。遇着好机会，我们可能会在这里看到一些面孔熟悉的著名文艺工作者，电影、歌剧、话剧名演员……他们也许正在这里和国际友人举行游园联欢会，在那里唱歌跳舞。

古代园林小考（一）

中华园林是指中国特有的自然风景式的古典园林，它同西亚、欧洲的园林并称为世界三大园林系统。

我国最早的园林兴建于商殷，它最初的形式叫“囿”。西周时，文王建灵囿，是我国最早的畋猎园。商周不仅建园囿，而且筑台掘沼，如周文王挖池筑台建灵台、灵沼，吴王夫差在灵岩山建姑苏台，这些都是当时有名的园林。

3. 故宫三大殿

⊙林徽因

北京城里的故宫中间，巍然崛起的三座大宫殿是整个故宫的重点，“紫禁城”内建筑的核心。以整个故宫来说，那样庄严宏伟的气魄；那样富于组织性，又富于图画美的体形风格；那样处理空间的艺术；那样的工程技术，外表轮廓，和平面布局之间的统一的整体，无可否认的，它是全世界建筑艺术的绝品，它是一组伟大的建筑杰作，它也是人类劳动创造史中放出异彩的奇迹之一。我们有充足的理由，为我们这“世界第一”而骄傲。

三大殿的前面有两段作为序幕的布局，是值得注意的。第一段，由天安门，经端门到午门，两旁长列的“千步廊”是个严肃的开端。第二段在午门与太和门之间的小广场，更是一个美丽的前奏。这里一道弧形的金水河，和河上五道白石桥，在黄瓦红墙的气氛中，北望太和门的雄劲，这个环境适当地给三殿做了心理准备。

太和、中和、保和三座殿是前后排列着同立在一个庞大而崇高的工字形白石殿基上面的。这种台基过去称“殿陛”，共高二丈，分三层，每层有刻石栏杆围绕，台上列铜鼎等。台前石阶三列，左右各一列，路上都有雕镂隐起的龙凤花纹。这样大尺度的一组建筑物，是用更宏大尺度的庭院围绕起来的。广庭气魄之大是无法形容的。庭院四周有廊屋，太和与保和两殿的左右还有对称的楼阁和翼门，四角有小角楼。这样的布局是我国特有的传统，常见于美丽的唐宋壁画中。

三殿中，太和殿最大，也是全国最大的一个木构大殿。横阔11间，进深5间，外有廊柱一列，整个殿内外立着84根大柱。殿顶是重檐的“庑殿式”瓦顶，全部用黄色的琉璃瓦，光泽灿烂，同蓝色天空相辉映。底下彩画的横额和斗拱、朱漆柱、金琐窗，同白石阶基也做了强烈的对比。这个殿建于康熙三十六年（1697），已有255岁，而结构整严，完好如初。内部渗金盘龙柱和上部梁枋藻井上的彩画虽稍剥落，但仍然华美动人。

中和殿在工字基台的中心，平面为正方形，宋元工字殿当中的“柱廊”竟蜕变而成了今天的亭子形的方殿。屋顶是单檐“攒尖顶”，上端用渗金圆顶为结束。此殿是清初顺治三年（1646）的原物，比太和殿又早50余年。

保和殿立在工字形殿基的北端，东西阔9间，每间尺度又都小于太和殿。上面是“歇山式”殿顶，它是明万历的“建极殿”原物，未经破坏或重建的。至今上面童柱上还留有“建极殿”标识。它是三殿中年寿最老的，已有337年的历史。

三大殿中的两殿，一前一后，中间夹着略为低小的单位所造成的格局，是它美妙的特点。要用文字形容三殿是不可能的，而同时因环境之大，摄影镜头很难把握这三殿全部的雄姿。深刻的印象，必须亲自进到那动人的环境中，才能体会得到。

故宫三大殿

三大殿建在紫禁城的中轴线上，向南从午门到天安门延伸到正阳门、永定门，往北从神武门到地安门、鼓楼、钟楼，全长约8公里。

太和殿是举行重大典礼的地方。皇帝即位、生日、婚礼和元旦等，都在这里接受朝贺。

太和殿后面是中和殿。这是一座亭子形大殿，殿顶把四道垂脊攒在一起，正中安放着一个大圆镏金宝顶，轮廓非常优美。举行大典时，皇帝先在这里休息。

中和殿后面是保和殿。雍正以后，这里是举行最高一级考试——殿试的地方。

4. 中国园林建筑艺术所表现的美学思想（节选）

⊙宗白华

空间的美感之一

建筑和园林的艺术处理，是处理空间的艺术。老子就曾说："凿户牖以为室，当其无，有室之用。"室之用是由于室中之空间。而"无"在老子又即是"道"，即是生命的节奏。

中国的园林是很发达的。北京故宫三大殿的旁边，就有三海。郊外还有圆明园、颐和园等，这是皇帝的园林。民间的老式房子，也总有天井、院子，这也可以算作一种小小的园林。例如，郑板桥这样描写一个院落：

十笏茅斋，一方天井，修竹数竿，石笋数尺，其地无多，其费亦无多也。而风中雨中有声，日中月中有影，诗中酒中有情，闲中闷中有伴，非唯我爱竹石，即竹石亦爱我也。彼千金万金造园亭，或游宦四方，终其身不能归享。而吾辈欲游名山大川，又一时不得即往，何如一室小景，有情有味，历久弥新乎！对此画，构此境，何难敛之则退藏于密，亦复放之可弥六合也。

（《郑板桥题画竹石》）

我们可以看到，这个小天井，给了郑板桥这位画家多少丰富的感受！空间随着心中意境可敛可放，是流动变化的，是虚灵的。

宋代的郭熙论山水画，说“山水有可行者，有可望者，有可游者，有可居者”（《林泉高致》）。可行、可望、可游、可居，这也是园林艺术的基本思想。园林中也有建筑，要能够居人，使人获得休息。但它不只是为了居人，它还必须可游、可行、可望。“望”最重要。一切美术都是“望”，都是欣赏。不但“游”可以发生“望”的作用（颐和园的长廊不但领导我们“游”，而且领导我们“望”），就是“住”，也同样要“望”。窗子并不单为了透空气，也是为了能够望出去，望到一个新的境界，使我们获得美的感受。

窗子在园林建筑艺术中起着很重要的作用。有了窗子，内外就发生交流。窗外的竹子或青山，经过窗子的框框望去，就是一幅画。颐和园乐寿堂差不多四边都是窗子，周围粉墙列着许多小窗，面向湖景，每个窗子都等于一幅小画（李渔所谓“尺幅窗，无心画”）。而且同一个窗子，从不同的角度看出去，景色都不相同。这样，画的境界就无限地增多了。

明代人有一小诗，可以帮助我们了解窗子的美感作用。

一琴几上闲，数竹窗外碧。

帘户寂无人，春风自吹入。

这个小房间和外部是隔离的，但经过窗子又和外边联系起来了。没有人出现，突出了这个小房间的空间美。这首诗好比是一张静物画，可以当作塞尚（Cézanne）画的几个苹果的静物画来欣赏。

不但走廊、窗子，而且一切楼、台、亭、阁，都是为了“望”，都是为了得到和丰富对于空间的美的感受。

颐和园有个匾额，叫“山色湖光共一楼”。这是说，这个楼把一个大空间的景致都吸收进来了。左思《三都赋》“八极可围于寸眸，万物可齐于一朝”，苏轼诗“赖有高楼能聚远，一时收拾与闲人”，就是这个意思。颐和园还有个亭子叫“画中游”。“画中游”，并不是说这亭子本身就是画，而是说，这亭子外面的大空间好像一幅大画，你进了这亭子，也就进入到这幅大画之中。所以明人计成在《园冶》中说：“轩楹高爽，窗户邻虚，纳千顷之汪洋，收四时之烂漫。”

这里表现着美感的民族特点。古希腊人对于庙宇四围的自然风景似乎还没有发现。他们多半把建筑本身孤立起来欣赏。古代中国人就不同。他们总要通过建筑物，通过门窗，接触外面的大自然。“窗含西岭千秋雪，门泊东吴万里船”（杜甫）。诗人从一个小房间通到千秋之雪、万里之船，也就是从一门一窗体会到无限的空间、时间。这样的诗句多得很。像“凿翠开户牖”（杜甫），“山河扶绣户，日月近雕梁”（杜甫），“檐飞宛溪水，窗落敬亭云”（李白），“山翠万重当槛出，水光千里抱城来”（许浑），都是小中见大，从小空间进到大空间，丰富了美的感受。外国的教堂无论多么雄伟，也总是有局限的。但我们看天坛的那个祭天的台，这个台面对着的不是屋顶，而是一片虚空的天穹，也就是以整个宇宙作为自己的庙宇。这是和西方很不相同的。

空间的美感之二

为了丰富对于空间的美感，在园林建筑中就要采用种种手法来布置空间、组织空间、创造空间，例如借景、分景、隔景等。其中，借景又有远借、邻借、仰借、俯借、镜借等。总之，是为了丰富对景。

玉泉山的塔，好像是颐和园的一部分，这是“借景”。苏州留园的冠云楼可以远借虎丘山景，拙政园在靠墙处堆一假山，上建“两宜亭”，把隔墙的景色尽收眼底，突破围墙的局限，这也是“借景”。颐和园的长廊，把一片风景分割成两个，一边是近于自然的广大湖山，一边是近于人工的楼台亭阁，游人可以向两边眺望，丰富了美的印象，这是“分景”。《红楼梦》小说里的大观园运用园门、假山、墙垣等，造成园中的曲折多变，境界层层深入，像音乐中不同的音符一样，使游人产生不同的情调，这也是“分景”。颐和园中的谐趣园，自成院落，另辟一个空间，另是一种趣味。这种大园林中的小园林，叫作“隔景”。对着窗子挂一面大镜，把窗外大空间的景致照入镜中，成为一幅发光的“油画”。“隔窗云雾生衣上，卷幔山泉入镜中”（王维），“帆影都从窗隙过，溪光合向镜中看”（叶令仪），这就是所谓

“镜借”了。“镜借”是凭镜借景，使景映镜中，化实为虚（苏州怡园的面壁亭处境逼仄，乃悬一大镜，把对面假山和螺髻亭收入镜内，扩大了境界）。园中凿池映景，亦此意。

无论是借景、对景，还是隔景、分景，都是通过布置空间、组织空间、创造空间、扩大空间的种种手法，丰富美的感受，创造了艺术意境。中国园林艺术在这方面有特殊的表现，它是理解中华民族的美感特点的一个重要的领域。概括说来，当如沈复所说的，“大中见小，小中见大，虚中有实，实中有虚，或藏或露，或浅或深，不仅在‘周回曲折’四字”（《浮生六记》），这也是中国一般艺术的特征。

古代园林小考（二）

秦朝至南北朝时，人工自然园的建造已相当发达。汉朝长安西郊的建章宫，是小苑囿性质的离宫，其中的一池三岛，是模拟海上神仙境界而建。这种方式后来被历代皇家苑囿规划者所采用。

隋唐时，私人园林开始兴起，如王维的辋川别业，白居易的庐山草堂等。白居易的履道里宅园还是城市园林的典范。

元、明、清时，我国的园林艺术达到最高峰。“万园之园”圆明园曾被法国作家雨果誉为“理想与艺术的典范”。此外，香山静宜园、玉泉山静明园、承德避暑山庄、江南私家园林也很有名。

5. 互融：中西园林的趋势

⊙王向荣

东方园林和西方园林是世界园林体系中最重要的两大瑰宝，它们在形成与发展过程中曾各自独立，后来又相互影响，到了现在更是互相融合。

中国是东方园林的发源地和发展中心。中国地处欧亚大陆的东部，幅员辽阔，自然环境优越，历史文明悠久，人们对美丽神秘的自然充满了热爱与崇拜。中国传统园林一方面源于古老传说中神仙们居住的乐土，另一方面源于古代人对于自然的理解。根据古代传说，在昆仑之巅，有西王母的花园，有黄帝的悬圃；在遥远的东海，有蓬莱、瀛洲、方丈三座海岛，找到这三座岛屿，就能从神仙的手中获得长生不老药，这些神话中展示的神秘山岳和美丽岛屿就成为中国园林的一种雏形。另一方面，中国大地山川的秀美景色无疑是中国人心中最美的自然，并成为中国园林模仿的对象，这种风景也被称为“山水”，中国园林试图以象征的手法展示这种自然的本质，即“虽由人作，宛自天开”，追求

"小中见大"，将大千世界的宏观景物微缩到小巧玲珑的壶中天地，这也是先秦以来中华民族"天人合一"人文精神与历史观念发展的结果。中国传统园林从商周的"囿"、秦汉的宫苑，经过魏晋南北朝的发展，在隋唐时期进入盛期，并在宋朝发展成熟，一直到明清，其造园思想始终一脉相承，在园林创作过程中强调"意境"，追求诗情画意，寓情于景，寓意于物，以物比德，园林经常作为隐逸文化的载体，反映园主的情操和思想，展现心中的世外桃源。

西方园林起源于古埃及和两河流域，那里干旱少雨，只有沿河的谷地是绿色丰饶的，农业生产必须依赖于灌溉，国土的风景也没有中国优美多样。在这样一种环境里，有着充分水源和灌溉系统的田园成为园林的蓝本，表达了"人间天堂"的理想。这些园林也多为实用性的园圃，如果树园、蔬菜园和葡萄园等，形式也是几何式的。

随着古埃及和两河流域的文明经由地中海传到欧洲大陆，西方园林历经古希腊、古罗马的发展，到文艺复兴时期走向成熟。但在几千年的发展中，西方园林与农业景观一直有着密切的联系，形式上也都是规则式的。只是到了18世纪，英国的园林才开始由规则式转变为自然风景的形式，后来英国的自然风景园林又影响到欧洲大陆和世界各地的园林艺术。

以中国园林为代表的东方园林多追求意境美，不追求逼真地重现自然山水的形象，而是用写意的手法来摹写和提炼自然，即

“源于自然又高于自然”；西方造园艺术则多致力于对自然的改造和加工。但是，东西方园林艺术也存在着深层次的同一性：无论东方还是西方，建造园林就是实现人们心中的理想，两种园林也都体现了人们对自然的热爱和模仿。所不同的是，东方园林所模仿的自然是天然的自然，是秀丽的山川，而西方园林所模仿的自然是农业景观，是经过人类耕作的田野和牧场。

18世纪开始，东西方园林有了非常广泛的交流。18世纪英国风景园产生的一个主要原因就是受到中国哲学、文化特别是中国园林的影响。那时几乎欧洲所有重要的园林中都有中国园林的景致，一座塔、一座桥、一个亭或一组山石，在欧洲的园林中建造中国园林的片段曾是一种时尚。而在中国也出现了西方园林艺术的影子，圆明园中有西洋楼，颐和园中有石舫，广东的许多园林更是东西合璧的产物。

今天，在全球经济一体化的背景下，各个国家的思想和技术进一步融合，东西方园林文化的交流也更加密切。但是，中国园林的发展必须要扎根于中国的土地和文化，传承优秀的园林传统，保持自己独特的鲜明个性和特征。

（选自《人民日报》2013年11月17日12版，有删改）

单元学习任务

任务一

宗白华先生在谈中国园林空间艺术的处理方式时说："大中见小，小中见大，虚中有实，实中有虚，或藏或露，或浅或深，不仅在'周回曲折'四字，这也是中国一般艺术的特征。"请你结合本单元的《赏菊狮子林》《春游颐和园（节选）》《中国园林建筑艺术所表现的美学思想（节选）》三篇文章的具体内容，说说中国园林是如何体现"中国一般艺术的特征"的。

任务二

本单元这组介绍名园古迹的说明文在文中多次引用古诗文，请从《假山》《赏菊狮子林》《中国园林建筑艺术所表现的美学思想（节选)》三篇文章中各选择一处，分别谈谈它们在说明文中的作用。

阅读篇目	引用古诗文例句	此处引用古诗文的作用
假山		
赏菊狮子林		

（续表）

阅读篇目	引用古诗文例句	此处引用古诗文的作用
中国园林建筑艺术所表现的美学思想（节选）		

任务三

在你生活的地方，有没有园林建筑呢？如果有，请邀请你的同学一同前往实地参观，观察它有没有体现出园林建筑的一般特点。请再以导游的身份写一段文字向大家介绍这座园林建筑，注意抓住特征，运用恰当的说明方法。

自然探秘

漫步于神奇的大自然，常常会让我们流连忘返。在炎热的夏天，探究发现蝉儿发声的秘密；在美丽的秋日，亲耳聆听蟋蟀的话语；抑或到田野里，观察并了解蜘蛛织网捉虫的本领……大自然里的每一种生命，都值得我们用心观察、用心探究、用心体味。探秘自然，将会给我们带来莫大的享受。

阅读本单元文章，请同学们关注作者是如何在细致观察的基础上，客观记录动物各方面习性的。要熟练运用默读和圈点批注的方法，梳理文中关键信息。同时还要注意体会说明文语言在准确的基础上又不失生动、形象的特点，体会文艺性说明文的趣味性、说明事物的独特方法以及文中体现的科学精神。

1. 蟋蟀之话

⊙夏丏尊

鸣虫是秋季的报知者。

蟋蟀的鸣声，本质上与鸟或蝉的鸣声大异其趣。鸟或蝉的鸣声是肉声，而蟋蟀的鸣声是器乐。“丝不如竹，竹不如肉”，我国从来有这样的话，意思是说器乐不如肉声。其实就音乐上说，乐器比之我们人的声带，构造要复杂得多，声音的范域也广得多。声带的音色绝不及乐器的富于变化，乐器所能表出的情绪远比声带复杂。箫笛的表哀怨，可以胜过人的悲吟；鼓和扬琴的表快悦，可以胜过人的欢呼。鸟的鸣声是和人的叫唱一样，同是由声带发出的，其鸣声虽较人的声音有变化，但既同出于肉质的声带，与人声究有共同之点。蝉虽是虫类，其鸣声由腹部之声带发出，也可以说是肉声。

蟋蟀等秋虫的鸣声比之鸟或蝉的鸣声，是技巧的，而且是器械的。它们的鸣声由翅的鼓动发生。把翅用显微镜检查时，可以看见特别的发音装置，前翅的里面有着很粗糙的镳状部，另一前翅之端又具有名叫“硬质部”的部分，两者摩擦就发声音。前翅间还有一处薄膜的部分，叫作“发音镜”，这是造成特殊的音色的机关。秋虫因了这些部分的本质和构造，与发音镜的形状，各奏出其独特的音乐。其音乐较诸鸟类与别的虫类，有着如许的本质的差异。

螽斯与蟋蟀的发音样式大同小异。螽斯左前翅在上，右前翅在下；蟋蟀反之。螽斯的锯状部在左翅，硬质部在右翅；而蟋蟀则两翅有着同样的构造。此外尚有不同的一点：螽斯之翅耸立作棱状，其发音装置的部分较狭；蟋蟀二翅平叠，因之其发音部分亦较为发达。在音色上，螽斯所发的音乐富于野趣，蟋蟀的音乐却是技巧的。

无论鸟类、螽斯或蟋蟀，能鸣只有雄，雌是不能鸣的。雄以鸣音诱雌。它们的鸣，和南欧人在恋人窗外所奏的夜曲同是哀切的恋歌。蟋蟀是有耳朵的，说也奇怪，蟋蟀的耳朵不在头部，倒在脚上：它们共有三对脚，在最前面的脚的胫节部，有附着薄膜的细而长的小孔，这就是它们的耳朵。它们用了这“脚耳”来听对手的情话。石块或落叶丛中是它们生活的舞台，它们在这里恋爱、产卵，以至于死。

蟋蟀的恋爱生活和其他动物及人类原无大异，可是有一极有趣的现象：它们是极端的女尊男卑的。试把雌雄二蟋蟀放入小瓦器中，彼此先用了触角探知对方的存在以后，雄的即开始鸣叫。这时的鸣声与在田野时的放声高吟不同，是如泣如诉的低音，与其说是在伺候雌的意旨，不如说是一种哀恳的表示。雄的追逐雌的，把尾部向雌的接近，雌的犹淡然不顾。于是雄的又反复其哀诉，雌的如不称意，犹是淡然。雄的哀诉，直至雌的自愿接受为止。雄蟋蟀在交尾终了后，不久就要遇到悲哀的运命——所存在者只翅或脚的碎片而已。

蟋蟀产卵，或在土中，或在树干与草叶上。雌蟋蟀在产卵时，先用产卵管在土中试插，及找得了适当的场所，就深深地插入，同时腹部大起振动。产卵管是由四片细长的薄片合成的，卵泻出极速，状如连珠，卵尽才把产卵管拔出。一个雌蟋蟀可产卵至三百以上。雌蟋蟀于产卵后亦即因饥寒而死灭，所留下的卵至次年初夏孵化。

蟋蟀在昆虫学上属于“不完全变态”的一类，由卵孵化出来的若虫差不多和其父母同形，只不过翅与产卵管等附属物未完全而已。这情形和那蝶或蝇等须经过幼虫、蛆蛹、成虫的三度变态的完全两样。（像蝶或蝇等叫作“完全变态”的昆虫。）自若虫变为成虫，其间须经过数次的脱皮，身体的各部逐渐完成。变为成虫以后，经过四五日即能鸣叫，其时期因温度地域种类个体而不同，大概在立秋前后。它们由此再像其先代的样子，歌唱、恋爱、产卵，度其一生。

（有删改）

2. 蝉的歌唱

⊙〔法国〕法布尔

在村子附近，我能够收集到的蝉有五种：南欧熊蝉、山蝉、红蝉、黑蝉和矮蝉。前两种非常常见，而后三种则相当稀罕，只有我们村子里的人才认识。其中，人们最熟悉的也是个头最大的，要数南欧熊蝉。我就通过它来向大家介绍蝉的发音器官。

在雄蝉的后胸紧靠后腿之处，有两块宽大的半圆形盖片，右边的盖片稍微叠在左边的盖片上。这两块盖片是护窗板、顶盖、制音器，也就是蝉发音器官的音盖。

掀开音盖，我们可以发现左右两边各有一个大空腔。在普罗旺斯，人们称之为小教堂。左右两个小教堂组合成了一个大教堂。小教堂的前端蒙了一层细腻柔软的黄色乳状膜，而后端则是一层干燥的红色薄膜，如同一个肥皂泡。这一层膜，在普罗旺斯语中叫作镜子。

在我们这儿，人们有一个共识：大教堂、镜子和音盖组成了蝉的发音器官。所以，我们这儿有个比喻，描述一个声音没了气息的歌者，就说他的镜子裂了；同样，这形象的语言也会用来比喻失去灵感的诗人。

但是，我的实验证明，关于蝉发声的声学原理和人们普遍认为的是不相符的。当把蝉的镜子打碎，撕去前端的黄色薄膜，剪去音盖，蝉的歌声并不会被消灭。这些行为不过就是让它的歌声变得没那么响亮、音质不同于之前罢了。而那两个小教堂也发不出声音，只是通过前后膜的振动来增强音量，以及调节音盖的开闭程度来改变音色，它们起到的就是一个共鸣器的作用。

蝉真正发声器官的位置，对于新手而言，是相当隐蔽之处。在左右小教堂的外侧，蝉的腹背交界处，有一个纽扣大小的半开小孔。这个小孔外面遮盖着音盖，音盖之下还有一层角质外壳。我将这个小孔称为音窗。音窗通向了一个比旁边小教堂还要深、窄得多的空腔。

紧靠后翼的地方，有一个轻微的椭圆形隆起。隆起是暗淡的黑色，在周围布满银色绒毛的表皮中显得特别突出。这个隆起便是音室的外壁。

当把音室剪开一个大缺口，你就能看到蝉的发声器官——音钹。音钹是一块白色椭圆形的干薄膜，朝外凸起。整个音钹被固定在周围坚硬的框架上，从薄膜上穿过的三四根褐色脉络增加了它的弹性。当凸起的音钹被朝里拉得变形凹下去后，就会在那几束脉络的弹性帮助下迅速恢复到凸起状态。就在这来回振荡中，清脆的声音就响起了。

膜状音钹的变形和恢复是蝉能发声的原因，那又是什么让音钹的凹凸程度发生了改变呢？

我们再将视线转回大教堂，将小教堂前端的黄色乳状薄膜撕开，就能看到两根粗粗的肌肉柱。这两根淡黄色的肋条，连接在一起形成了一个V字，而V字的尖顶正好立在蝉腹背的中线上。每根肌肉柱的顶端都像是被截掉般突然中断，在截断面伸出了一根又短又细的系带，这两根系带都与对应一侧的音钹相连接。两根肌肉柱一伸缩，便会通过顶端的系带，将音钹牵拉下来，很快又任由音钹自己弹回去。就这样，两个发声片开始不停地振荡起来。

知晓了蝉发出声音的原理，我们可以通过两个小实验加深对它的理解。

首先，怎么能让刚死去的蝉继续歌唱呢？

这个看似不可能的任务其实非常简单，你只需用镊子夹住一根肌肉柱，小心地拉动。每拉动一次，音钹都会发出细微的清脆声。因为死去的蝉的共鸣器已经无法发挥作用，通过这种办法让蝉发出的声音就没有那么宽广，但歌声的基本音素还是保留下来了。

接着，怎么能让活着的蝉不再歌唱呢？

蝉，这位倔强的音乐爱好者，很多办法都无法消灭它对唱歌的热情。无论是之前说的打碎镜子、破坏小教堂，还是残忍地折断它的肢体，都不能使它沉寂下来。但是，如果你用一根大头针从音窗的侧孔伸进去，轻轻地扎一下音室尽头的音钹，音钹就无法发出声音了。再按照这个办法处理一下另一侧的音钹，那么这只蝉就彻底发不出声音了。尽管从外表看，它还是和先前一样活蹦乱跳，没有明显伤痕，可却再也无法发出声音。

通过这两个小实验，我想大家对蝉发声的原理应该比较清楚了。

蝉的音盖本身是不能动的，因为它是镶嵌得很牢固的坚硬护盖。大教堂打开或关闭全是因为腹部的鼓起和收缩。当蝉收紧腹部时，音盖会将小教堂和音室的音窗堵住，发出的声音就会暗哑沉闷而微弱；当蝉鼓起腹部时，小教堂半张开，音窗也通了，发出的声音自然就会极其响亮。至于音域的变化，则是依靠蝉急速振荡腹部，使得牵引音钹的肌肉同时收缩而实现的，就如同急速活动的琴弓可以发出不同的声音一样。

蝉喜欢在天气炎热又没有风的时候开始自己的演唱会，天气越闷热，它就越唱得欢。蝉通常七八点钟开始第一声歌唱，一直持续到晚上八点左右，直到暮霭沉沉之时，乐队才会停止演奏。在夏日里，只有当天气不好如阴天或者吹着冷风的时候，蝉的音乐会才会停办。

山蝉，个头比南欧熊蝉要小一半。在我们这里，它被称为“喀喀蝉”，极其形象地模仿了它的发声方式。山蝉的声音沙哑而高昂，歌声却极其单调，只会发出一连串的“喀！喀！喀！喀”尖锐而嘶哑的声音，是最令人讨厌的，更何况是拥有几百个演奏者的山蝉乐队奏出的乐曲。整个夏天，我的两棵法国梧桐上就一直进行着山蝉的音乐会，听起来就好像有人拼命甩着一大袋干核桃。这种讨厌的音乐会，简直就是一种酷刑。唯一值得庆幸的是，山蝉的音乐会早上比南欧熊蝉开得晚，晚上又比它结束得早。

尽管基本构造和南欧熊蝉的相同，但山蝉的发声器官还是有自己的独特之处。山蝉没有音室，也就没有了音窗。它的音钹直接裸露在外，位于后翅的翅窝后。

山蝉腹部的第一节向前延伸而成了一个又宽又短的坚硬簧片，簧片能活动的一端就靠在音钹上。这个簧片如同木铃的簧片，唯一不一样的是，它没有搭在旋转的齿轮上，而是靠在音钹的脉络上。大概就是因为这个簧片会与振荡中音钹的脉络相碰触，山蝉发出的声音才会如此沙哑。

山蝉的腹部有1/3是不透明的，腹腔中所有的器官全部被挤在这1/3里，而半透明的那2/3是一个非常大的空腔。这个空腔和山蝉前胸的延伸部分，就组成了一个巨大的音箱，维持生命的主要器官都被禁锢在一个小角落里，缩小到了极限，可见山蝉对歌唱事业真是无比热爱啊！

我常常想问蝉，它们如此狂热地歌唱到底是为了什么？为什么非要唱得如此大声？这么大的声音到底是想起到什么作用？关于我的问题，很多人都说答案就是：雄蝉为了召唤伴侣，所以才发出如此大的声音。这是它们之间的大合唱。

对于这个解释，我一直保留着怀疑的态度。因为在考察过大多数昆虫之后，我发现两性之间的靠近反而会使彼此沉默下来。于是，我宁可认为，蝉的疯狂音乐会，就像蝈蝈的小提琴演奏、雨蛙的风笛独奏，都只是表达生存乐趣的手段，每种动物都会有自己独特的方式来庆祝这共同的欢乐。

（陈筱卿/译　有删改）

关于蝉的诗句

本以高难饱，徒劳恨费声。五更疏欲断，一树碧无情。

——〔唐〕李商隐《蝉》

垂緌饮清露，流响出疏桐。居高声自远，非是藉秋风。

——〔唐〕虞世南《蝉》

饮蝉惊雨落高槐，山蚁移将入石阶。若使秦楼美人见，还应一为拔金钗。

——〔唐〕李郢《蝉》

门柳不连野，乍闻为早蝉。游人无定处，入耳更应先。

——〔唐〕李咸用《早蝉》

天地工夫一不遗，与君声调借君緌。风栖露饱今如此，应忘当年滓浊时。

——〔唐〕罗隐《蝉》

3. 蜘　蛛

⊙周建人

天气暖起来了，蜘蛛又出来在檐前做网。这使我记起幼时曾猜过一个谜，谜语是："南阳诸葛亮，稳坐中军帐，排起八卦阵，单捉飞来将。"

此后我就留心这八条脚的"诸葛亮"怎样捉拿飞将，并且看出，它有各种各样捉拿的方法。如果蚊、蚋等小虫飞去，触在网上，急待挣扎时，蜘蛛忽然赶到，急忙地把它捉住，咬在"嘴"里，或者吸食它的汁液，或者咬了回到网中央或檐上去了，好像我们咬一片面包或饼干似的，不费力气。如果投入网里的不是这等小虫，却是气力较大的飞虫，它急忙跑去，便放出丝来，用脚拿了丝向飞虫去缚，直到那牺牲者挣扎不动为止。如果来的飞将是带枪的，例如蜜蜂，蜘蛛见它被网粘住，赶到前面，用丝向它身上绕一下，转身便走，恐怕被它的标枪投着。但走不多远，又回转去，再绕一下，又走开。随后是接连地绕几转，跑开一次，等到看着那飞将挣扎的力量已弱，才靠近它的身边，把它细细捆缚。有时捆缚的丝密到像一个布袋。蜜蜂被包在这样的袋中时，往往还会发出吱吱的微声。但是小孩们常爱蜜蜂，不喜欢蜘蛛，如被他们看见，往往把蜜蜂救下来了。

但是最难捉的是披甲的飞将，比方有一个甲虫飞入网里，被兜住了，但是它的甲很厚，很重，而且它的力气很耐久。它的六条腿东一推西一撑，好容易把这条腿缚住，那条腿又伸出来了。有时候缚了几转，又被它滑脱，“啪”的一声跌在地上了，蜘蛛只好恨然地在网上望一望。这倒还没有什么要紧，最可怕的是碰见蜾蠃。它静悄悄地忽然来了，振动它的翅膀，刺刺地向网里去一撞，急又离开。网起了振动，蜘蛛以为已有物网住，匆匆地赶去捕捉时，不提防蜾蠃用了最敏捷的手段，突然把它用足抱住，迅速飞去。蜘蛛被它袭击时，很难得幸免的。它被捕去，被蜾蠃用刺刺得全身麻木，封在泥房里，给蜾蠃的儿女长大起来的时候当“面包”吃。空的蛛网从此不再行修补，只积着灰尘，并且逐日破坏下去，最后飞散、消失。

蜘蛛在生物界中是“名件”，这是一处地方的俗话，包含有名、特别或可贵的东西的意思，它织网的技能之高妙，几乎使人诧异。它的身体的机构之巧妙也足使人惊奇。它的腹内有数种腺，藏着液体，都能从腹部末端放出来。一种叫作壶状腺，据说放出来的液体，遇空气凝结成丝，用以做最初的棚架和辐射线。一种叫作葡萄状腺，放出来的液体也固结为丝，用以做螺旋形的线。一种腺叫作复合腺，放出来的液体不会凝结成丝，却是黏液，和前一种腺液同时放出来，附在丝下，因了物理作用，凝成一粒粒的细珠状，使丝很黏。还有管状腺，是做产卵的袋用的，一种梨状腺是把丝黏着时用的。

蜘蛛的丝，即使放弃了科学上的观察和闲暇时的观赏，从实用上来看也是很有意思的。蚕的丝，柞蚕的丝可以织绸，蜘蛛的丝为什么不拿来做东西呢？这问题是许多人想到过的。小孩们用竹扎成一个圈，装上一个柄子，竹圈上兜上蛛网，可以捉他所要的飞虫，当作一种捕虫网。西洋有人想养蜘蛛，取它的丝织东西，以代蚕丝。闻说试验者曾取蛛丝织过手套、袜子等东西，只是蜘蛛饲养不容易，它要吃昆虫，而且胃口又很好，吃得又很精细，专吸食昆虫的汁液。饲养起来，比采了桑叶饲蚕费事得多，因此只好作罢了。

天文学家想在他们的天文镜中装上极细的丝，遥望天空时，视野中有了细的行条，可以比较星的位置。他们先用蚕丝，把一根蚕丝的两股分开，但是还嫌太粗。1820年，一个英国的仪器制造家名叫忒劳顿的，设法改用蜘蛛丝。他用的是一种背上有十字纹的称为园蛛的丝。不但比一般蚕丝更细，而且很韧，又不会扭曲。取丝的时候只要把蜘蛛小心谨慎地固定在一个架上，放出来的丝头粘在一个卷丝器上，把卷丝器转动，便可以抽出很长的丝。蚕丝一股有一英寸的二千分之一的粗，园蛛的丝细到只有大约一英寸的一万五千到二万分之一光景，比蚕丝细得多了。

可是有些蜘蛛并不都做网，泥土上跑来跑去的狼蜘蛛，壁上的蝇虎，蟢子即壁钱，还有八脚，都不做网，丝却是有的。蝇虎经过，常有一支丝绷着；从高处跃下时，也常常挂一根丝，不结网的蜘蛛也食肉，不过它们捕取食物用力搏取，不是用丝去绑缚的。

杂诗（其一）

〔晋〕张协

秋夜凉风起，清气荡暄浊。
蜻蛚吟阶下，飞蛾拂明烛。
君子从远役，佳人守茕独。
离居几何时，钻燧忽改木。
房栊无行迹，庭草萋以绿。
青苔依空墙，蜘蛛网四屋。
感物多所怀，沉忧结心曲。

和较艺将毕

〔宋〕欧阳修

槐柳来时绿未匀，开门节物一番新。
踏青寒食追游骑，赐火清明忝侍臣。
拂面蜘蛛占喜事，入帘蝴蝶报家人。
莫嗔年少思归切，白发衰翁尚惜春。

4. 国宝——大熊猫（节选）

⊙叶永烈

1980年11月5日下午3时，德国柏林机场铺好了红地毯，挂起“热烈欢迎中国人民的友好使者”的大字标语，机场上挤满了手捧鲜花的欢迎人群和记者。

来自中国的专机刚刚降落，人们企盼已久的中国“贵宾”终于露面：黑眼圈，黑耳朵，一身乌云盖雪的皮袍！哦，这是来自中国的一对大熊猫，名叫“天天”和“宝宝”。

大熊猫是一种人见人爱的动物。大熊猫喜欢嬉戏，憨态可掬。有时直立起来，状似舞蹈；有时背倚石头，坐在草地上悠然自得地啃着竹枝；有时团作一团，漫不经心地随地打滚；有时拖着笨拙的身体，摇摇晃晃地在草地上玩耍。大熊猫一经过训练，就成了杂技“明星”，能够表演前滚翻、吃西餐、吹喇叭、推小车、骑木马、滑滑梯和蹬皮球等精彩节目，常常博得观众热烈的掌声与欢乐的笑声。

大熊猫是我国特有的珍稀动物。我国古籍中把大熊猫称为

“貘”。两千多年前，汉朝初年的《尔雅》一书中，便有“貘体色黑驳，食竹”的记载。汉代著名文学家司马相如在《上林赋》中列举了当时咸阳上林苑饲养的近40种异兽，大熊猫名列首位，可见大熊猫在当时就已经被人们视为珍贵的名兽了。

大熊猫体态丰满，四肢粗壮，尾巴短秃，毛色奇特，头和身躯乳白色，而四肢和肩部黑色，头上有一对整齐的黑耳朵，还有两个黑眼眶，很像戴着一副八字形的黑眼镜。大熊猫长相俊俏，神态温驯，给人以优雅、活泼的感受。

随着我国同世界各国人民日益广泛的友好往来，大熊猫作为友好使者，频频出访，轰动了全世界。许多国家以能够获得中国政府所赠送的大熊猫为殊荣。大熊猫就像一颗璀璨的明珠，给这些国家的动物园增添了华夏异彩。1972年10月，中国政府赠送的大熊猫“兰兰”到达日本上野动物园，在头9个月里，每天前往参观的人竟达30万之多，形成了“熊猫热”。1979年9月，“兰兰”在东京不幸病故时，3000万日本人向“兰兰”致哀。日本首相也发表讲话，痛悼“兰兰”离世！

在各地的动物园里，大熊猫成了最受宠爱的“贵宾”。熊猫馆宽敞幽美，竹翠水清，安装空调，照料周到，可是大熊猫总不习惯这种“舒适”的生活。环境改变了，气候不同了，活动范围受到了限制，食物条件跟野外也有很大的差别，养活大熊猫不是一件容易的事情，繁殖就更困难了。那么，大熊猫在自然界里的环境和生活又是怎样的呢？

大熊猫如今在我国分布地域十分狭窄，仅见于四川省的岷山、邛崃山和大小凉山，甘肃省的南缘和陕西省秦岭南麓等海拔2000～3500米的崇山峻岭。那里的森林地带人烟稀少，绝大部分山岭都是悬崖绝壁，高耸入云，但有的却是缓坡连绵，起伏不绝。山坡上覆盖着葱茏茂密的原始森林。山林间云雾缭绕，烟波浩瀚，空气潮湿，泉水丰富，到处生长着苔藓，在繁茂的植物中杂以多种竹类。生活在这里的大熊猫，终年就以嫩竹清泉度日，成了"竹林隐士"。

大熊猫的学名其实叫"猫熊"，意即"像猫的熊"，也就是"本质类似于熊，而外貌相似于猫"。严格地说，"熊猫"是错误的名词。这一"错案"是这么造成的：1949年前，重庆北碚博物馆曾经展出猫熊标本，说明牌上自左往右横写着"猫熊"两字。可是，当时报刊的横标题习惯于自右向左认读，于是记者们便在报道中把"猫熊"误写为"熊猫"。"熊猫"一词经媒体广为传播，说惯了，也就很难纠正。于是，人们只得将错就错，称"猫熊"为"熊猫"。

其实，科学家定名大熊猫为"猫熊"，是因为它的祖先跟熊的祖先相近，都属于食肉目。后来熊一直保持肉食习惯，而大熊猫却弃荤食素，最喜翠竹，偶尔也吃玉米秆、幼杉树皮。这是为什么呢？据科学家研究，大熊猫远祖虽是肉食动物，后来，由于寻不着肉食，只得吃满山丛生的竹子，代代相传，也就养成了吃竹子的习惯。大熊猫食用的竹类共有17种，其中最爱吃的是冷箭竹和华橘竹。不过，竹子中的营养成分不多，主要是难以消化的纤维素，所以大熊猫食量很大，一头成年的大熊猫每昼夜最少要吃15～20千克竹子，排出大量消化不了的纤维素。凡是大熊猫活动的地方，最容易发现的就是一堆堆纤维素粪便。不过，大熊猫有时也显露食肉的本性，捕食竹鼠之类的动物。

大熊猫的活动范围与季节关系很大，冬春季多生活在3000米以下没有积雪或积雪较少的山谷地带。冬天照常活动，没有冬眠的习惯。夏秋两季则多在3000米以上的地带活动。天气炎热时，也常到山沟里的小溪、小河旁喝水，有时候还下水游泳。大熊猫没有固定的栖息场所，到处流浪，走到哪里，吃到哪里，睡到哪里。别看它笨重肥大，走路摇摇晃晃，爬起树来却挺高明。它的听觉非常灵敏，受到惊扰时，就非常灵活地攀上高高的树梢，躲藏起来。

大熊猫性情孤僻，平时独来独往，只有在发情期，雌雄才暂时同居。它们的繁殖力很低，一般每胎产一仔，有时可产两仔。分娩期间多以枯树洞为巢穴。奇怪的是，一只体重100千克以上的成年大熊猫，刚生下来的仔熊猫却小得出奇，体重只有0.1～0.15千克，像只小老鼠，仅相当于母体重量的千分之一，因此不易成活。大熊猫从出生到长大为成体需两年左右时间。

正因为大熊猫繁殖艰难，存活又难，所以如今我国野生的大熊猫屈指可数，估计只有1000只左右。

在人工饲养条件下，大熊猫产仔成了大喜事。1982年9月的一天，西班牙国王睡得正香，忽地电话铃声大作。国王知道，如果不是发生紧急大事，部下不会在半夜打扰他。一听电话，国王乐不可支，因为首都马德里动物园里报告，那里的中国大熊猫“绍绍”刚刚分娩，生下了双胞胎！国王兴高采烈地说：“向你们表示热烈的祝贺！”刚说完，又连忙补充一句，“一定要好好照料小宝贝！”翌日，来自西班牙的喜讯，传遍了全世界。如今，中国的大熊猫专家们逐渐掌握了大熊猫的生殖规律，已经有上百只仔熊猫在繁殖中心诞生。

大熊猫之所以珍贵，不仅因为它体态可爱，数量稀少，更重要的是，它是有着300万年历史的古老动物，对科学工作者研究古代哺乳动物具有珍贵的价值。化石研究表明，大熊猫几百万年来的形态构造变化不大。现今的大熊猫仍然保留着许多原始的特征。因此，大熊猫有着“活化石”之称。

大熊猫是我国国宝，已被列为我国一级保护动物，也是世界珍稀动物中的重点保护对象。我国已建立了几十个以保护大熊猫为主的自然保护区，采取了一系列积极的保护措施，细心呵护，以拯救这一濒危物种，促使大熊猫繁衍复壮，家族兴旺。

5. 火烈鸟（节选）

⊙赵序茅

火烈鸟是一种大型涉禽，因全身覆盖着美丽的红色羽毛而得名。火烈鸟大多数分布在南美洲和非洲，其余的分布在亚洲和欧洲。它们最喜欢的栖息地是盐碱湖、植被稀少的河口潟湖和海滨。奇怪的是，2011年几只火烈鸟竟然将机场跑道当成水面，降落在乌鲁木齐地窝堡机场，这已经是它们第三次到新疆了。1997年9月新疆哈密林业处获得一只火烈鸟，地点在哈密二堡镇，当时认为是火烈鸟偶然路过新疆。1997年11月上旬由于气候的影响，又有一群火烈鸟（约10只）飞临乌鲁木齐市近郊，其中一只亚成体因有伤而被捉住（标本藏于新疆流行病研究所）。

鸟中的四不像

火烈鸟是一种大型涉水鸟类，体型大小似鹳，高80~160厘米，翼展约150厘米，雄性较雌性稍大，长着向下弯曲的嘴巴，上嘴平而薄，像眼睑一样覆盖在下嘴上。脖子有19节颈椎骨，可以灵活地转向和弯曲。火烈鸟拥有一双又细又长的腿，可以在水里悠闲地漫步觅食。火烈鸟全身覆盖着红色的羽毛，有的还长着黑色的飞羽，看上去十分艳丽。有化石证据表明火烈鸟早在3000万年前就已经分化出来了，比大多数鸟类早得多。

不过，火烈鸟的分类问题却困扰了鸟类学家很多年。根据骨架结构、卵白蛋白和生活习性等，可以把火烈鸟同许多不同的鸟类联系起来。比如，火烈鸟的盆骨和肋骨结构和鹤类相似，卵白蛋白的构成和鹭类接近，火烈鸟幼雏的行为习性和雁形目很相像，成鸟长有脚蹼和防水的羽毛。后来，分类学家将火烈鸟划分为一个单独的目——火烈鸟目。火烈鸟的眼睛呈红色，虽然很小，但却十分锐利，即使在行走时，也能看见水中的昆虫和其他食物。

绝妙的进化使得火烈鸟具有不同寻常的特征。为了行走在浅滩上，它们需要细长的腿，同时颈也随之长得修长，因为只有这样才能够到地面取食。为了让脚掌不至于陷进淤泥，其脚趾间长着薄膜（蹼）。弯曲的喙是为了更有效地过滤水和稀泥。火烈鸟是鸟类世界里独一无二的用嘴巴的上半部分而不是下半部分吸水的鸟。对它们而言，只有这样才能尽可能多地吸进水。而薄薄的舌头能够像活塞那样来回运动，在快速地吸入浑浊的水的同时将水经过旁侧的过滤器挤出去，只留下能够咽下的东西，即滤出的食物。大火烈鸟每天的进食量会达到自身体重的四分之一。

单腿站立之谜

无论是生活在动物园里还是生活在野外的火烈鸟都有一个相同的特点：在多数时间里总是一条腿站立，另一条腿则弯曲在身体的下面。这意味着单腿站立是火烈鸟的自然习性，而不是被关在动物园里因环境压力造成的。有许多种理论试图解释这个现象。

有一种理论认为，火烈鸟单腿站立是为了节省能量。一些鸟类学者认为，火烈鸟在睡觉时也是单腿站立，它们的大脑一半是睡着的，另一半是醒着的，以保持身体的平衡。把一条腿弯曲在身体下则是为了保存身体的热量，因为这样可以将暴露在空气中的皮肤面积减少到最小。双腿交替站立还能让腿得到休息，促进腿部的血液循环。这种血液循环理论为许多科学家所认同。火烈鸟长长的双腿需要一个强大的血液循环系统来支持血液从心脏流向全身，特别是当火烈鸟站在冷水中时，心脏会被迫向双腿输送血液以保持其温度。所以，将一条腿弯曲到身体下面可以减轻心脏的负担。

另一种理论认为，单腿站立可以帮助火烈鸟伪装自己——一条腿看上去就像芦苇或草叶。不过反对者提出，火烈鸟的猎物都是些甲壳类和贝类小动物，它们不需要在捕食时伪装自己。而且火烈鸟的身体是很显眼的粉红色，它们不太可能成功地把自己伪装成芦苇或草叶。

还有一种理论认为，火烈鸟单腿站立是为了在遭遇袭击时跑得更快。如果真是这样，那么单腿站立的火烈鸟应该比双腿站立的火烈鸟起飞得更快一些。然而，有研究人员对两者从静立到开始奔跑所需时间进行的测量结果显示，情况并非如此。此外，还有研究证明，火烈鸟单腿站立也不是为了在多风环境下保持平衡。火烈鸟的招牌动作——单腿站立之谜，就像大自然里的很多奥秘一样，至今仍未有确切的答案。

有趣的繁殖

火烈鸟产卵很有趣，它们先在浅水中用泥筑成高墩，再做巢于墩上，然后产卵于巢内。巢一般高出水面几十厘米。刚孵出的幼雏，嘴是直的，全身披白色绒毛，双腿为灰黑色，十分可爱。小火烈鸟在几个月之后，逐渐长大，嘴变弯曲，毛色也变了，腿的颜色由灰黑色变成红色。

火烈鸟出生两个星期之后那傲慢弯曲的嘴才开始显现，而出生后整整两个月，幼鸟都由双亲喂养。火烈鸟双亲以一种液态的分泌物——“鸟奶”哺育幼鸟，不过这种“奶”是红色的，由处在食道里的特别腺体分泌而成，富含脂肪和蛋白质，还夹杂着血液和少量的浮游生物。不仅雌性火烈鸟，雄性也同样能为“孩子”供奶。像企鹅一样，火烈鸟群里也设有一个“幼儿园”。双亲外出觅食时，值班的火烈鸟“保姆”负责看护照料幼鸟。一个这样的群落里幼鸟数量可达到200只，但是火烈鸟双亲根据声音很快就能认出自己的孩子来。火烈鸟2~3岁才能成熟，它的寿命甚长，可达七八十年，有“寿鸟”之称。

艺术鉴赏

中华五千年文明绵延泽世。那或铿锵或柔美的文明乐章溅落在历史的长河里，激起了遥远的绝响！中华文化是中华民族的灵魂和根脉，是文明盛世的精粹。中华文化涵养了一代代杰出的中华儿女，推动着古老的民族走向繁荣富强。

学习本单元的文章，可以先浏览全文，了解其主要内容，再仔细阅读文中的重点段落，抓住其中的关键语句，解读作者向我们展示的书画、雕塑作品中丰厚的文化内涵。此外，还要关注文章的语言，把握其既有科学性又富有文学色彩的特点。

1.《清明上河图》上的戏剧性场面

——乞讨

⊙张　勇

来看《清明上河图》画面上出现的“乞讨”情节。

记录与描绘北宋首都东京汴梁生活风俗和繁华景象的画面，居然出现了“乞讨”这一戏剧性场面，而且不止一处一个乞讨者，而是三处四名乞讨者，不能不说张择端意怀高远，用意深刻，在一片繁华、一派歌功颂德中，用他那古代知识分子“慨当以慷，忧思难忘”的忧国忧民的深沉的思想、深邃的目光，透过表面现象看穿了社会的本质。他用一名画家的方式、现实主义的记录手法，将社会底层苦难而辛酸的形象，毅然决然地刻画并留在了这幅看似“抛金撒银”的风俗长卷之上，印证了古代知识分子的社会责任与担当精神，正如一首古诗中所吟：“人生不满百，常怀千岁忧”（从另一个角度解读该诗）。

画面上虽然是四个人分别在三个不同的地方做伸手乞讨状，但都是在熙熙攘攘、人来人往的大道通衢之间。

第一位乞丐，是一位老妪，在临近城门、跨越护城河的平桥东侧的一处屋檐下，这位衣衫褴褛的老太太向正巧路过的一位拄着拐杖的老汉伸手乞讨。老汉还带着一个孩子，孩子的右手拉着老汉的衣襟，左手频频地指向老妪，似乎在催促老汉：“快给，快给，爷爷您快给老奶奶钱呀……”老汉满脸同情，心存悲悯地颤抖着从长衫中掏出钱来递给老太太。

第二位乞丐，是一名小孩儿。他在平桥北侧栏杆边上，正伸出手来向凭栏眺望河上景色的“游人”乞讨。一左一右两位游人闻声回过头来，其中左边的一位回身伸出手来递给他一枚铜钱。同样在此处，其旁还有一位成年人也在伸手乞讨，大约是这孩子的父亲，父亲带着孩子，父子俩一起在此乞讨。

第三处第四位则蜷缩在高耸的城门楼外进城门的路的中间，也就是北宋东京汴梁繁华都城的大道通衢中间，这是一名命运更加悲惨的残疾人。他已经站立不起来了，只能佝偻着残疾的身子，坐于街衢当路之中乞讨。从城门进出的看起来同为平头百姓的路人，凡是看到这一幕的，都向他投来关注与同情的目光。其中一位头上戴着帷帽、骑着小毛驴的妇女已经走过，还回过头投来同情的目光，她的身后为她挑着行李担子的仆人也是一样。而立在残疾乞丐身后的一位老者已经在伸手递钱给他。

这似乎是突然蹦出的与当时世界上少有的人口超过百万的都城之繁荣昌盛的景象不和谐的音符，我看却是作者张择端有意识插入的。不仅仅为了反映现实的如实记录和描画，更是一位有良心的、具备人文情怀的画家和知识分子洞察秋毫的深刻认识、责任担当的忧患意识，以及为正起劲地粉饰太平的统治阶层敲响警钟的胆略的集中体现。

根据陈诏在《解读〈清明上河图〉》一书中的研究，宋徽宗即位初期，曾经接受宰相蔡京的建议，在全国范围内推行“慈善”制度，如建立所谓“居养院”照顾鳏寡，建立“安济坊”收养贫病交迫者，建设“漏泽园”安葬因贫穷而死无葬身之地的人。但这些都是粉饰太平的表面文章，有建议无施行，真正获得实惠的人则是少之又少。贫困不为之减少，反而积贫积弱，雪上加霜。例如宣和二年（1120）汴京一地一次性开仓赈济的贫民乞丐就达二万二千人，情况非常严重。

张择端用十分怜悯的笔触在图中画了四个乞丐，这令人想起流传于北宋时期的一幅《流民图》，那是一位名为郑侠的画家为当时的真实事件和景象留下的记录。

郑侠（1041—1119），字介夫，号一拂居士、大庆居士、西塘老人，北宋福清（今属福建）海口镇覆釜山下人，后迁居福清县城西塘。治平四年（1067）进士。历任将仕郎、秘书省校书郎、光州（今河南省潢川县）司法参军。

宋神宗熙宁六年（1073）大旱，赤地千里，光州等很多地方蝗害不断，树木枯焦，庄稼尽死，路塞饿殍，饥民流离失所，百姓扶老携幼到处逃荒流浪，情状凄惨。见状，郑侠于熙宁七年（1074）绘《流民图》，但中书省拒绝向上传达。随后，郑侠又顶着欺君的罪名，把《流民图》假冒成边关急报发快马递交银台司，直接献给神宗皇帝。又上《论新法进流民图疏》称：“去年大蝗，秋冬亢旱，以至于今。经春不雨，麦苗枯焦，菽粟麻豆，粒不及种。旬日以来，街市米价暴贵，群情忧惶，十九惧死。”并请求废除王安石推行的所谓“新法”，甚至发誓：“如陛下行臣之言，十日不雨，即乞斩臣于宣德门外。”宋神宗“反复观图，长叹数四，袖以如内。是夕寝不能寐”。终于动摇了，下诏停止变法，下令废除了新法中的《青苗法》，王安石也被罢相。郑侠取得暂时性胜利，名噪一时，史称：“民间欢叫相贺，是日，果雨。”

不过，后来郑侠并不曾走运，他一再受到蔡京等当政人物的攻击。有人提出追治他为递送《流民图》入宫“擅发马递、欺蒙皇上”之罪，于是他被流放到广西好几年，“以罪谪汀州，又贬英州”，差点丢了脑袋。直到哲宗时归还，被苏轼、孙觉联名推荐为泉州教授，著有《西塘集》。

郑侠因《流民图》名闻一时，后人时常以“郑侠图”“郑图”代称之。郑侠能作画，且能诗善文，但几乎没留下什么诗文集和画作。其影响最大的《流民图》曾在南宋时期的《南游纪旧》《佩书斋辑闻》等笔记丛书中被提及。据称画为纸本设色，长六尺、高尺半。画面上，一支逃荒队伍逶迤于田野间驿道上。画中人物近百，有求乞老者，有背着幼儿的农妇，有病卧路边的农民，有在井边排队苦苦等水的农民，还有掘野草的儿童，个个面黄肌瘦，神色愁苦。画面上还有一恶吏骑在马上凶狠地以鞭子抽打衣不蔽体的农家少女……这一幕幕惨景催人泪下，颇富艺术感染力。

很难说在郑侠之后的张择端，在宋神宗、宋哲宗之后的宋徽宗时代的张择端，继轰动一时的《流民图》之后的《清明上河图》，没有受到前者的影响，中国的画家、文人的现实主义风格是一脉相承的，在文化繁荣的北宋也是一样。张择端在被有人误为专事“歌功颂德，图写清明盛世，太平享国”的《清明上河图》画面比较显要且清晰易辨的位置，几乎是连续集中地画上了三处四名乞丐，针砭时弊，不怕触痛当时已经掌权的蔡京、童贯、高俅之流，意在促使最高统治者警醒省悟，同时对权相蔡京当内忧外患已经来临之际还在以“丰亨豫大”之说粉饰太平做了几近针锋相对的讽刺，这就是《清明上河图》艺高一筹，张择端品高一筹的所在，是作者与一般宫廷御用画家一味歌功颂德的明显不同之处。也许，这也是张择端和他的《清明上河图》没有被收入由蔡京把持编纂的《宣和画谱》的原因之一吧！

2. 中国青绿山水画的绝响

⊙董强　刘峰

《千里江山图》是北宋宫廷画家王希孟唯一的传世之作，王希孟创作此画时年仅18岁。政和三年（1113），在宋徽宗赵佶的亲自传授下，王希孟仅用半年时间就告罄杀青，后世称誉此画为“中国十大传世名画”之一。《千里江山图》为绢本画卷，青绿设色，全画长约1191.5厘米，高约51.5厘米，是宋代流传至今最长的山水画卷，也是存世青绿山水画中最具代表性和里程碑意义的作品。

《千里江山图》继承和发展唐代青绿山水画技法，工笔细腻、意境悠远，力求在青绿色中寻求变幻，谋求古意与创新兼备，实景与想象并融，呈现出与众不同的画貌。画作秉持徽宗推崇的“丰亨豫大”审美观，承袭他一贯倡导的“粉饰大化，文明天下，亦所以观众目，协和气焉”的创作宗旨，将“借画喻世”的功效在山水画中展露无遗，代表了宋代青绿工笔山水画的最高水平。

《千里江山图》整幅画卷展现出一幅完整的壮阔美景，山水间点缀有屋舍村落、桥梁渡口、寺观塔刹、楼阁亭榭等，绘有行旅、幽居、捕鱼、观瀑、游玩等各式人物场景。画作在布局上采用三段式构图法，在章法中穿插有三个主要段落，每段又有起承转合的变化，自然衔接之处蕴含“起伏、缓急、高下、虚实、明暗”等各种形式，极富节奏感，形态错落有致。全卷将景物大致分为六个部分，每部分均以山体为主要表现对象，各部之间或长桥相连，或流水沟堑，远观则山水连为一体，近看则独木成林，意图烘托“人在画中游”的艺术效果。全卷充分运用“平远”“高远”“深远”等创作手法，旨在突破时空局限，将“浓郁厚重与轻淡空灵”“严实紧凑与疏松敞阔”等不同节奏融会贯通，并巧借“岗阜幽壑、飞瀑激流、亭台水榭、寺观庄院”等展现出大自然的鬼斧神工。

展卷而视，画作将雄伟壮观的山脉与苍茫无垠的水势以及蜿蜒曲折的湾流杂糅其间。千山万壑，恰似苍龙滚地；江河交错，宛若平镜映天，瞬间将观赏者带入无限遐想的璀璨世界。在运笔手法上，取用散点透视法，以略带俯视的角度横向展开全景式大山大水，呈现出一派万象皆容的场景。王希孟深得帝师的言传身教，绘画技巧上充分汲取了徽宗《雪江归棹图》的特点，所绘山脉向高处绵延、向左右平展。迤逦的峰峦岗阜间，散落着丛林、村落、溪桥、水榭。云雾萦绕的山谷，远处耸立的山峰，山腰间的仙雾缭绕，令人心旷神怡。画面深处与无垠的碧水相连，细浪起伏、烟波涟漪，江上船楫横卧、舳舻千里，水天之际几重远山，一抹如带，与江面的辽阔无垠形成了鲜明的对比。

王希孟用几大组群山构图，每组都将主峰和诸多辅峰组合起来，宛若一座座仙岛矗立于江畔。各组群山泾渭分明，恰似高潮迭起、亢奋优雅的协奏曲，节奏感十分鲜明。

青绿色是《千里江山图》的主色调，采用大青绿手法，相较于小青绿而言用色凝重，所用颜料主要取自矿物质中的石青和石绿。此种染料，色阶丰富，经久不褪，色泽鲜丽而不浮艳，一片郁郁葱葱、苍翠欲滴之感。王希孟以淡色渲染晴空和水面，在山涧和巉岩处露出绢本底色，显现出宿雨之后的曙色，欣愉之感油然而生。

全卷设定在初夏雨霁之晨的时分，画中瀑布高悬，溪山泉涌，鱼肚白晨，满山吐翠，显露出被暴雨洗礼过后的万千景象。晨起的人们开始忙碌，山下的人们开始劳作，平江待渡、亭桥观流、扬帆远航、双舟起网、江上渔隐，还有樵夫下山、看管水车、空堂独坐、洒扫庭除、客堂清话，将悠游闲适的乡村生活体现得淋漓尽致。画中人物仅有毫厘之别，皆用矿物颜料和白粉点缀，颇为鲜明突出。卷中的台榭楼阁、桥亭、书院、寺观、磨坊、村落、船舶等错落有致，与山川和谐一体，数百个局部图景组合成一幅完整的巨幅山水画卷轴，视觉冲击强烈。霎时间，长桥卧波、林峦书院、山坞楼观、松涛藏扉、栈道悠远、草桥通幽、柳浪渔家、高台望川、临溪草阁、平沙泊舟由静生动，展现出《千里江山图》所描绘的可行、可望、可游、可居的理想境界。

3. 百科博物馆的镇馆之宝

——《上下五千年》浮雕

⊙龚　莉

《上下五千年》是一幅陶浮雕壁画，立于中国大百科全书出版社主楼和东侧裙房之间，已经30多年了。

1984年3月18日，百科编辑大楼开始建造。1985年初，中国大百科全书出版社与中央美术学院联系，请美术学院为编辑大楼创作一件艺术品。中央美术学院副院长侯一民先生应下了这件事情。

侯先生在一张略大于A4的纸上画出了整幅画稿。然后，由他的两位学生来帮助完成后期制作。一位是邯郸陶瓷所的郭福庭，他研究生毕业于中央工艺美术学院，专攻釉料，侯先生将他借调出来；另一位就是杜飞。他还找了一家合作工厂，安徽凤台县锅碗厂。这家厂子规模很小，况且，做锅碗的，离高大上的艺术壁画似乎远了点。但事出有因。一方面，那时粗陶花釉壁画在中国还是新生事物，远不如现在这样得到普遍的欣赏，所以，几乎没有对口厂家可找；另一方面，粗陶花釉壁画制作不但要求生产规范，且因为是定制，工艺上面临众多实验和创新，而小且工艺落后的厂，革新转型反倒比那些工艺成熟的大厂容易些。锅碗厂同意通过《上下五千年》的制作对工艺做引导式改造。双方谈妥，就这么定下了。

郭福庭进厂，在侯一民先生的指导下开始了高温釉料的研究。釉料必须适应陶坯体，研制者首先得掌握坯体的化学组成、膨胀性能、成品性能，其次还要把控好釉料原料的纯度，釉料本身的透明度、色彩、化学性能和机械性能等。《上下五千年》幅面巨大、塑造语言粗放，要制成适配的釉料，以及掌握挂釉的厚度，需要一次次反复实验。

杜飞则负责泥稿塑造。先是放样，那时没有复印机、放图机等设备，是将画稿拍成胶片，用幻灯机将影像放大，制出与成品等大样稿。然后，工人们将陶泥铺陈于地，拍实，做成一整块泥板，杜飞再将样稿在泥板上完成浮雕塑造。之后，分割成若干块，略干燥后于背面凿出燕尾槽，以备组装悬挂时用。

浮雕分块晾干，放进还原焰窑炉（俗称馒头窑），温度800℃～900℃，素烧30小时，熄火，冷却10小时后出窑；然后施釉（挂釉），再入窑，以1200℃高温再烧36小时。

以陶泥为板基，运用绘画雕塑艺术与陶工艺技术相结合，经过一系列工序而生产出的粗陶花釉浮雕，已不是原画稿的简单复制，而是艺术的再创造。

《上下五千年》陶板一块块用粗麻绳捆绑，装了整整一大卡车，从凤台运进京城。卸下后在马路边堆起一座小山。工人们按标号一块块组装、悬挂。就这样，《上下五千年》在中国大百科全书出版社大楼落成了。

侯一民先生将现实主义与浪漫主义相结合，选取中国特有的场景、人物、符号、材质、色彩，用中国绘画大写意的表现手法，生动展现了中华民族源远流长、一脉相承、博大精深的灿烂文化。

画面下方，一位手持陶罐的劳动妇女，一名拉弓射箭的狩猎男子，展示自远古起中国的农耕文化、狩猎文化。人民在劳动中创造了灿烂的中华文明。左下角是约为公元前4300至前2600年大汶口文化时期的陶鬶，陶鬶侧旁、向上分布有岩画、原始象形文、甲骨文、金文、青铜礼器等。以场景、人物以及典型的文化符号梳理、陈述中华民族在漫长历史时期中的文化起源、演变及发展。

画面中部，也有两位人物。靠左站立者为南北朝时期的数学家、天文学家祖冲之。人物上方有古观象仪器。祖冲之一生钻研自然科学，他首次将“圆周率”精算到小数点后第7位，他提出的“祖率”对数学研究有重大贡献，约一千年后，这一纪录才被阿拉伯数学家打破。他创制的《大明历》是当时最科学最先进的历法，首次引入“岁差”的概念，使得历法更加精确，为后世的天文研究提供了正确的方法。居中独坐者是唐代浪漫主义诗人李白。诗人仰首向天，“举杯邀明月，对影成三人”，浅唱低吟遂成千古名句。李白游历名山大川，将想象、夸张、比喻、拟人等众多手法综合运用，讴歌祖国美丽的自然风光。他的诗雄奇奔放，俊逸清新，具有“笔落惊风雨，诗成泣鬼神”的艺术魅力，对后世产生了深远影响。李白的诗是中华民族的艺术瑰宝，人们世代吟诵至今不衰。正是历朝历代无数如祖冲之这样杰出的科学家和李白这样的文化巨匠，创造了中国文化一个又一个高峰。

画面上方，一少年俯卧在地，一少女遨游在天，还有北斗星、太阳、和平鸽、船、火箭、卫星等，表现了中华民族进入新时代以来的文化成就以及美好憧憬。和平年代的幸福少年，目光追随着扬帆起航的船儿，看它沐浴阳光乘风破浪驶向辽阔的海洋。造船业在中国有着悠久的历史。考古发现了公元前5000至前3300年河姆渡文化时期的桨，说明至少那时已有舟。明代已能建造大型远洋海船，为郑和下西洋提供了强大的物质保障。造船业开创了近代民族工业的先河。中华人民共和国成立后，建成了门类齐全的船舶工业体系，至20世纪70年代，已先后自行研制出万吨轮船、远洋探测船、核潜艇等。如今，中国已能够建造符合各种国际规范、航行于任何海域的船舶，已发展成举足轻重的世界造船大国。翩翩遨游的少女，在人造卫星“东方红”的乐曲声中飞向太空。从嫦娥奔月的神话传说到莫高窟的飞天壁画，从战国诗人屈原的《天问》，到明朝万户飞向空中的首次尝试，中华民族的飞天梦沧桑而悠久。1970年4月24日，中国首颗人造地球卫星“东方红一号”升空，宣告中国进入航天时代。2003年10月15

日，杨利伟搭乘“神舟五号”飞船成功进入太空，成为首位叩访太空的中国航天员。2007年10月24日，中国首颗月球探测器“嫦娥一号”准确入轨，实现了中华民族奔月的梦想。

《上下五千年》整幅壁画讴歌了中华文化的源远流长、光辉璀璨，以及中华民族的美好憧憬，那些憧憬如今已经或正在一一实现。

古代风俗画

所谓风俗画，是指以人们的生活习俗为题材的绘画。我国古代，从最早的岩画，到汉代的画像砖，再到三国、隋唐的壁画，有不少是描绘狩猎、耕耘、集市、祭祀、庆典等社会生活情景的图画，这就是早期的风俗画。

宋代社会的一个特征是市民阶层迅速崛起，反映到绘画领域则是风俗画的繁荣。由张择端创作的《清明上河图》，便是中国古代风俗画的代表作，它的画面内容丰富，结构严谨，繁而不乱，历来被认为是中国绘画艺术的瑰宝。

4. 蒙古包是怎样炼成的

⊙田宏利

说起蒙古包，对生活在北方少数民族聚居区的人们来讲，一定不会感到陌生，而对生活在南方的人们来说，对于蒙古包的认识，基本都是停留在各种媒体的动感画面或是印刷精美的旅游宣传图片上，偶尔会有一些散客，也是在旅行社导游的引领下，在指定的草原旅游点上经历过短短一两天的游览和住宿体验而已。而在大多数人们心里，对于千百年来生于斯长于斯的蒙古族人民来说，在这片广袤的草原上，在这样简单的居住环境里，是如何生息繁衍，怎样发展壮大，又是在什么样的生存条件下创造横扫欧亚大陆的历史辉煌，还是充满好奇、不解和疑惑。

蒙古族自古都以游牧生活为主，终年赶着他们的山羊、绵羊、牛、马和骆驼寻找新的牧场。蒙古包可以很快被打点成行装，由几头双峰骆驼驮着，运到下一个落脚点，重新搭建起来。可以说，蒙古包是随着牧民们的行程而建的。游牧民族为适应游牧生活而创造的这种居所，因其易于拆装，便于游牧，自秦汉时期就已开始大量出现，一直沿用至今。

说起蒙古包的形成，我们就要追溯到远古。大家都知道，最早的人类居住在天然的洞穴里，生存方式以采集为主。随着人类进化和文明程度的提高，古人开始对这些天然的洞穴加以改造，以提高生存质量和躲避自然界风雨雷电的侵袭。古代人类在对自己居所的改建和装修过程中，显示出了极高的聪明才智。他们沿着洞壁，把木头或是石头砌到洞沿，在上面搭上一些横木封住洞顶，这样就形成了一个洞室。在封住洞顶的时候要留出一个口子，用于日常出入、洞室采光、通风和走烟。这一雏形在后来逐渐发展成为蒙古包的门和天窗。那个时代，这样的洞室被称为“乌尔斡”。乌尔原意为挖，现代蒙古语中已经专指蒙古包天窗上的顶毡，引申为家、户的意思。

…………

随着家畜的积累和畜牧业的兴起，也迫切需要一种便于搭建和拆卸，同时利于游牧和迁徙的新型流动居所，于是，一些窝棚、帐幕之类的地面新型“户外野营装备”应运而生。

这种初期圆形拱顶的隐蔽窝棚，大多以活树为支柱，用桦树皮覆盖，制作简单，同时也出现了毛毡帐，其形似天幕，用羊毛毡子覆盖。后来又渐渐有了帐篷，不过当时的帐篷只是用树木的枝干做个支架，上面覆盖一层动物毛皮就可以了。这一居住的早期形式可能曾被更早的亚细亚游牧民族使用，是以木杆为主要支撑材料的人类早期建筑形式。进入畜牧社会，由粗糙的树木枝干做成的支架渐渐演变成为加工更为精细均匀的“哈那”，同上面提到的洞顶变成的天窗结合在一起，于是便有了蒙古包的雏形。

蒙古包在其发展过程中形成了两大流派：一种是由鄂伦春族自主研发，拥有完全自主知识产权的传统建筑“斜仁柱”式（在鄂伦春语里，斜仁柱就是木杆屋的意思），即以木杆做支架，尖顶，用兽皮或树皮、草叶子做苫盖。还有一种就是蒙古族千百年来一直沿用至今的，主要以毛毡作为其覆盖物的穹顶、圆壁式的蒙古包。

…………

明朝萧大亨的《北虏风俗》、清代张穆的《蒙古游牧记》，还有13世纪中叶约翰·普兰诺·嘉宾尼的旅行记以及《马可·波罗游记》等，都对蒙古包有浮光掠影般的描述。如在《马可·波罗游记》里说蒙古包是木杆和毛毡制作的圆状房屋。可以折叠，迁移时叠成一捆拉在四轮车上，搭盖时总是把门朝南等。

中国人类学家吴文藻先生曾于20世纪30年代到锡林郭勒盟考察蒙古包，在其发表的考察报告《蒙古包》中写道：“蒙古包是蒙古族人物质文化中最显著的特征。我们也可以说，明白了蒙古包的一切，便是明白了一般蒙古族人的现实生活。”这句话精辟地指出了蒙古包在游牧人生活中占有的重要地位。

由乌尔斡发展到窝棚，已经具备了蒙古包雏形，再由窝棚发展成为定形的蒙古包，即“哈那图格日”（有颈蒙古包），再进一步发展，便形成了近代形式的蒙古包，即插檐式天窗哈那图格日。这一历史沿袭比较客观真实地反映了古代蒙古族人是如何由采集渔猎逐步转换为以畜牧业为主的游牧经济的，以及随着游牧经济物质文明的进步，蒙古包建筑日臻完善提高的发展历程。很多世纪以来，蒙古包就是这个民族最具代表性的特征物。正如丹麦著名探险家亨宁·哈士伦所说：“蒙古包神圣的火焰是家庭与部落生活的中心。传统就是在这里产生的。那些围绕在蒙古包周围的，有着部落最古老基本特征的语言和氛围被一代又一代传承下来，成为沟通古今的桥梁。”

（有删节）

5. 我与《清明上河图》的故事

⊙冯骥才

冥冥中我感觉《清明上河图》和我有一种缘分。这大约来自初识它时给我的震撼。敢于把一个城市画下来的画家，我想古今中外唯有这位宋人张择端。而且他画得无比精确和传神、庞博和深厚，他连街头上的驴、打盹儿的人和犄角旮旯的茅厕全都收入画中！当时我二十岁出头，气盛胆大，不知天高地厚，居然发誓要把它临摹下来。

临摹是学习中国画笔墨技术的一种传统。我的一位老师惠孝同先生是湖社的画师，也是位书画的大藏家，私藏中有不少堪称国宝；他住在北京王府井的大甜水井胡同。我上中学时逢到假期就跑到他家临摹古画。

惠老师待我情同慈父，像郭熙的《寒林图》和王诜的《渔村小雪图》这些绝世珍品，都肯拿出来，叫我临摹真迹。临摹原作与临摹印刷品是绝然不同的，原作带着画家的生命气息，印刷品却平面呆板，徒具其形—— 此中的道理暂且不说。

然而，临摹《清明上河图》是无法面对原作的。这幅画藏在故宫，我只能一次次坐火车到北京故宫博物院的绘画馆去看，常常一看就是两三天，随即带着读画时新鲜的感受跑回来伏案临摹印刷品。然而故宫博物院也不是总展出这幅画。常常是一趟趟白跑腿，乘兴而去，败兴而归。

我初次临摹是失败的。我自以为习画从宋人院体派入手，《清明上河图》上的山石树木和城池楼阁都是我熟悉的画法，但动手临摹才知道画中大量的民居、人物、舟车、店铺、家具、风俗杂物和生活百器的画法，我在别人画里不曾见过。

它既是写意，也是工笔，洗练又精准，活灵活现，这全是张择端独自的笔法。画家的个性愈强，愈难临摹，而且张择端用的笔是秃锋，行笔时还有些“战笔”，苍劲生动，又有韵致，仿效起来十分之难。

偏偏在临摹时，我选择从画中最复杂的一段——虹桥入手，以为拿下这一环节，便可包揽全卷。谁料这不足两尺的画面上竟拥挤着上百个人物。各人各态，小不及寸，手脚如同米粒。相互交错，彼此遮翳①。倘若错位，哪怕差之分毫，也会乱了一片。

这一切只有经过临摹，才明白其中无比的高超。于是画完虹桥这一段，我便搁下笔，一时真有放弃的念头。

我被这幅画打败了！

重新燃起临摹《清明上河图》的决心，是在“文化大革命”

① 翳（yì）：遮蔽。

期间。一是因为那时候有大把的时间，二是我已做好充分准备。先自制一个玻璃台面的小桌，下置台灯。把用硫酸纸勾描下来的白描全图铺在玻璃上，上边敷绢，电灯一开，画面清晰地照在绢上，这样再对照印刷品临摹就不会错位了。至于秃笔，我琢磨出一个好办法，用火柴吹灭后的余烬烧去锋毫的虚尖，这种人造秃笔画出来的线条，竟然像历时久矣的老笔画出的一样苍劲。同时，我对《清明上河图》的技法悉心揣摩，直到有了把握，才拉开阵势，再次临摹。从卷尾始，由左向右，一路下来，愈画愈顺，感觉自己的画笔随同张择端穿街入巷，游逛百店，待走出城门，自由自在地徜徉在那些人群中……看来完成这幅巨画的临摹应无问题。可是忽然出了件意外的事——

一天，我的邻居引来一位美籍华人说要看画。据说这位来访者是位作家。我当时还没有从事文学创作，对作家心怀神秘又景仰，遂将临摹中的《清明上河图》抻开给她看。画幅太长，画面低垂，我正想放在桌上，谁料她突然跪下来看。那种虔诚之态，使我大吃一惊。

像我这样的在计划经济中长大的人，根本不知市场生活的种种作秀。当她说如果她有这样一幅画，就会什么也不要时，我被深深打动，以为真的遇到艺术上的知音，当即说“我给你画一幅吧”。她听了，那表情，好似到了天堂。

艺术的动力常常是被感动。于是我放下手中画了一小半的《清明上河图》，第二天就去买绢和裁绢，用红茶兑上胶矾，一遍遍把绢染黄染旧，再在屋中架起竹竿，系上麻绳，那条五米多长的金黄的长绢，便折来折去晾在我小小房间的半空中。我由于对这幅画临摹得正得心应手，所以画起来很流畅，对自己也很满意。天天白日上班，夜里临摹，直至深更半夜。嘴里嚼着馒头咸菜，却把心里的劲儿全给了这幅画。那年我三十二岁，精力充沛，一口气干下去，到了完成那日，便和妻子买了一瓶红葡萄酒庆祝一番。掐指一算，居然用了一年零三个月！

此间，那位美籍华人不断来信，说尽好话，尤其那句“恨不得一步就跨到中国来”，叫我依然感动，期待着尽快把画给她。但不久唐山大地震来了，我家被毁，墙倒屋塌，一家人差点被埋在里边。人爬出来后，心里犹然惦着那画。地震后的几天，我钻进废墟寻找衣服和被褥时，冒险将它挖出来。

所幸的是我一直把它放在一个细长的装饼干的铁筒里，又搁在书桌抽屉最下一层，故而完好无损。这画随我又一起逃过一劫。这画与我是一般寻常关系吗？

此后，一些朋友看了这幅无比繁复的巨画，劝我不要给那位美籍华人。我执意说：“答应人家了，哪能说了不算？”

待到1978年，那位美籍华人来到中国，从我手中拿过这幅画的一瞬，我真有点舍不得。我觉得她是从我心里拿走的。她大概看出我的感受，说她一定请专业摄影师拍一套照片给我。此后，她来信说这幅画已镶在纽约曼哈顿第五大街她家客厅的墙上，还是请华盛顿一家博物馆制作的镜框呢。信中夹了几张这幅画的照片，却是用傻瓜相机拍的，光线很暗，而且也不完整。

1985年，我赴美参加爱荷华国际笔会，中间抽暇去纽约看她，也看我的画。我的画的确堂而皇之被镶在一个巨大又讲究的镜框里，内装暗灯，柔和的光照在画中那五百多个神态各异的人物的身上。每个人物我都熟悉，好似“熟人”。

虽是临摹，却觉得像是自己画的。我对她说别忘了给我一套照片做纪念，但她说这幅画被固定在镜框内，无法再取下拍照了。属于她的，她全有了；属于我的，一点儿也没有。那时，中国的画家还不懂得画可以卖钱，无论求画与送画，全凭情意。一时我有种被掠夺的感觉，而且被掠夺得空空荡荡。它毕竟是我年轻生命中一年零三个月的时间换来的！

现在我手里还有小半卷未完成的《清明上河图》，在我中断这幅而去画了那幅之后，已经没有力量再继续这幅画了。我天性不喜欢重复，而临摹这幅画又是太浩大、太累人的工程。况且此时我已走上文坛，我心中的血都化为文字了。

写到这里，一定有人说：“你真笨，叫人弄走这样一幅大画！”

我想说，受骗多半源自一种信任或感动。但是世上最美好的东西不正来自信任和感动吗？你说应该守住它，还是放弃它？

我写过一句话：每受过一次骗，就会感受一次自己身上人性的美好与纯真。

这便是《清明上河图》与我的故事。

单元学习任务

本单元的《〈清明上河图〉上的戏剧性场面——乞讨》《我与〈清明上河图〉的故事》两篇文章都是关于《清明上河图》的故事：前者是画里的故事，后者是画外的故事。请结合《梦回繁华》，对你了解的这幅国宝级画作的相关信息进行梳理，从下面两个任务中任选一个完成：

1.确定一个主题并制作一份手抄报；

2.从几个方面入手，以思维导图的形式呈现你对《清明上河图》的理解。

说明事物要抓住特征

事物的特征是某事物区别于其他事物的独有标志，包括形态、结构、性质、成因、作用等。中国石拱桥的特征是“形式优美，结构坚固，历史悠久”。苏州园林的特征是“游览者无论站在哪个点上，眼前总是一幅完美的图画”。要把一个或一类事物说清楚，首先要抓住其特征，这是说明文写作的立足点与根本。

怎样抓住特征说明事物呢？

首先要善于观察和比较，既要发现一类事物的共同点，又要突出每个事物的独特之处。其次要围绕特征从多角度进行说明。另外，还要恰当运用多种说明方法，使说明对象的特征鲜明突出，易于读者把握。

片段集锦

【范例1】

那么，死海海水的浮力为什么这样大呢？因为海水的咸度很高。据统计，死海水里含有多种矿物质：有135.46亿吨氯化钠（食盐），63.7亿吨氯化钙，20亿吨氯化钾，另外还有溴、锶等。把各种盐类加在一起，占死海全部海水的23%～25%。这样就使海水的密度大于人体的密度，无怪乎人一到海里就自然漂起来，沉不下去。

（刘兵《死海不死》）

【范例2】

花儿为什么这样红？首先有它的物质基础。不论是红花还是红叶，它们的细胞液里都含有由葡萄糖变成的花青素。……万紫千红，红蓝交辉，都是花青素在不同的酸碱反应中所显示出来的。

（贾祖璋《花儿为什么这样红》）

【范例3】

荔枝不耐贮藏，正如白居易说的："一日而色变，二日而香变，三日而味变，四五日外，色香味尽去矣。"现经研究证实，温度保持在1℃到5℃，可贮藏30天左右。

（贾祖璋《南州六月荔枝丹》）

【范例4】

北京的物候记录，1962年的山桃、杏花、苹果、榆叶梅、西府海棠、丁香、刺槐的花期比1961年迟十天左右，比1960年迟五六天。根据这些物候观测资料，可以判断北京地区1962年农业季节来得较晚。

（竺可桢《大自然的语言》）

【范例5】

鹦鹉能学人说话，可只是作为现成的公式来说，不会加以变化（所以我们管人云亦云的说话叫“鹦鹉学舌”）。只有人们的说话是从具体情况（包括外界情况和本人意图）出发，情况一变，话也跟着变。

（吕叔湘《人类的语言》）

【范例6】

蟋蟀卵真像是个绝妙的小机械。孵出后，卵壳似一只不透明的白筒子，顶端有一个十分规则的圆孔，圆孔边缘是一个圆帽，作为孔盖用。圆帽并非是由新生儿随意顶开或钻破的，而是中间有一条特别线条，闭合不紧，可自动启开。

（法布尔《昆虫记》）

1. 动物为什么不锻炼

⊙袁　越

一个人报名参加三个月后举行的体育比赛，这三个月里他会做什么？答案是显而易见的。一只候鸟三个月后必须迁徙到南方过冬，这段时间它在做什么呢？答案是：不停地吃。

开篇通过设问，引出本文说明的主要内容：动物为什么不锻炼。

所有野生动物要想在自然界生存下去，都需要极佳的体能，但我们很少看到动物会有意识地锻炼身体，为体能做储备，候鸟就是一个好例子。大部分候鸟迁徙时都要不间断地飞行成千上万公里，其难度绝不亚于一场马拉松，但没人见到过候鸟在出发前先锻炼一下，它们就知道不停地吃，似乎只要储备足够多的能量就行了。

举了候鸟和黑熊的例子，具体说明动物不需要锻炼就能保持体能，引出下文对动物不需要锻炼的解释说明。

另一个案例是那些需要冬眠的动物，比如黑熊。它们在冬天会找个山洞钻进去睡上好几个月，直到第二年开春再苏醒。令人惊讶的是，黑熊们醒来后立刻就能活蹦乱跳地出洞觅食，好像什么事情都没有发生过。如果一个人在床上躺三个月不动弹，肌肉肯定会大幅度萎缩，因为人类的肌肉需要维持一定的刺激才能保持原样。太空站的宇航员之所以每天都要锻炼身体，就是因为太空的失重环境不足以给肌肉足够的刺激。如果不锻炼的话，宇航员们回到地球后甚至连站都站不起来。

为什么动物不需要锻炼呢？这个问题自古以来就有很多人问过，但直到最近才有科学家试图去寻找答案。研究发现，冬眠之所以不会让熊的肌肉萎缩，是因为熊的血液里存在某种因子，能够让肌肉细胞维持健康。曾经有人把小鼠的肌肉组织浸泡在熊血之中，发现如果是在夏天采的熊的血，那么小鼠的肌肉会持续萎缩，但如果采的是冬眠中的熊的血，肌肉的萎缩速度会减缓40%。这个结果说明，冬眠中的熊会分泌某种化学物质，对肌肉有保护作用。

“研究发现”表明熊在冬眠时肌肉不会萎缩是有据可查的。

迁徙的鸟类之所以不需要锻炼，似乎也和基因有关。加拿大一位科学家曾经研究过一种名叫黄腰林莺的北美候鸟，他发现，只要通过人为控制光照条件和温度的办法模仿季节变换，这种鸟的肌肉细胞内立刻会有上百个基因发生变化，为即将到来的长途奔袭做好准备。

从这两个例子可以看出，大部分野生动物的生活模式是相当固定的。它们每天的每个时刻应该做什么事情都是事先安排好的，所以这些动物干脆进化出相对固定的生长模式，无须锻炼就能保持肌肉的活性。

总结两个例子，说明大部分野生动物进化出相对固定的生长模式，“无须锻炼就能保持肌肉的活性”。

人类肌肉没有这种功能，因为我们的生活模式是不固定的。我们的肌肉需要时刻做好准备去应对不同的场景，没法按照某个固定模式去生长。也许有人会问，那为什么我们的肌肉不干脆进化得永远保持强壮呢？答案在于，肌肉是一种非常昂贵的奢侈品，维持肌肉健康需要付出极大的代价。研究显示，休息状态下的肌肉组织每天每公斤需要消耗15千卡的能量，运动状态下的消耗更是会成倍增加。肌肉组织平均要占到一个人体重的40%左右，我们吃下去的食物有20%是为了维持肌肉健康而被消耗掉的，这是一笔很大的开销。自然选择不会允许我们浪费宝贵的资源去养活一支强大的常备军。

通过翔实的数据，充分说明维持肌肉健康需要付出极大代价。

自然状态下的人类是无须担心肌肉萎缩的，我们的祖先几乎每天都要出门觅食，无论是捕猎还是采集，都需要不停地运动。一个因为某种原因而不能动的人是吃不到足够的食物的，这时他身体里的肌肉组织就会被当作食物储备消耗掉，帮助他渡过难关。

现代社会情况发生了变化，世界上出现了很多整天坐办公室的人。他们的心跳和呼吸频率长时间维持原样，他们的肌肉根本得不到足够多的刺激，这就导致他们的运动能力大幅度下降。这些人要想维持一定的运动能力，就必须人为地创造出某些场景，强迫自己动起来，这种场景被我们称为“锻炼身体”。

通俗易懂的说明文更受读者欢迎。“换句话说”的目的就是让文章更有趣、更易懂。

换句话说，体育运动的目的就是让现代人用最少的时间，高效率地满足我们的动物本能，让我们这些靠脑子吃饭的人可以相对健康地活下去。

2. 揭开罗布泊的三大谜团

⊙余建斌

中国和亚洲大陆的干旱中心、塔里木盆地积水和积盐中心、沙漠分布和风沙活动中心、古代人类文明活动中心，这就是罗布泊。

对于罗布泊科考的重要性，刘东生院士曾用一句话概括：罗布泊是一个地质学的实验室，第四纪地质的许多科学问题都可以在这里得到满意的答案。

19世纪中叶以来，罗布泊及其邻近地区成了科学界探险和考察的热点区域。马可・波罗、斯文・赫定、彭加木……中外探险家在这片"死亡之海"中视角不同的观察，导致了一个世纪的学术争论，并留下众多科学上的谜团。

如今，谜底正在揭开。2007年6月中旬，26次进出罗布泊的我国著名沙漠学家夏训诚领衔的"新疆罗布泊地区环境演变与区域发展"项目在北京通过评审。孙鸿烈、刘东生、孙枢、叶大年等院士组成的专家组认为，这些罗布泊地区综合研究的新进展，具有重要的科学意义，总体上达到了罗布泊研究的领先水平。

罗布泊就像钟摆游移不定

20世纪初，瑞典探险家斯文·赫定经过实地考察，认为罗布泊是个“游移湖”，由北向南和由南向北的游移周期为1500年。他解释原因说，由于进入湖中的河水挟带有大量泥沙，沉积在湖盆里，而使湖底抬高，导致湖水往较低的地方移动。一段时期后，被泥沙抬高露出的湖底，又遭受风的吹蚀而降低，这时湖水又回到原来的湖盆中。就这样，罗布泊像老式的大钟钟摆一样，南北游移不定。此后“游移说”占据了绝对优势。

夏训诚等科学家实地考察后，发现罗布泊并没有因为大面积的地面风蚀而发生明显的湖体游移，它的水体变化受控于入湖水系变迁，罗布泊并不是“游移湖”。

夏训诚介绍，从高程上看，罗布泊和它南面的喀拉和顺都是平原中局部陷落的小洼地，罗布泊要更低一些。

“罗布泊最低处为778米，与其相邻的喀拉和顺湖最低处为788米，两者相差10米，水往低处流，不大可能发生罗布泊倒流喀拉和顺的现象。”夏训诚带领的科考队在考察中还看到，干涸的湖底都是坚硬的盐壳，用铁锤都很难敲碎，“风的吹蚀作用并不容易让湖底重新降低。”

按照斯文·赫定的推测，1500年左右会形成10米以上的沉积物。但在湖底钻探取样测定年代的结果发现，湖底沉积物1.5米深处，是3600年前的沉积。而且沉积物中含有香蒲属和莎草科植物花粉，不同层次中都有这些水生植物花粉的分布。夏训诚认为，这说明近万年来，罗布泊经常有水停积物。

而水流一般先进入喀拉和顺，最后到达归宿地罗布泊。喀拉和顺湖也是个淡水湖，而非终点湖。

因此，“罗布泊是一个南北‘游移湖’的提法是不符合实际的，历史时期内罗布泊水体没有发生过倒流入喀拉和顺湖的现象。”夏训诚说。

实地看，罗布泊及周围地区是宽浅洼地，高差很小。2003年秋季，夏训诚带领科考队在湖底实际测量了一条50千米的水平线，最大高差仅3.02米。

“又由于塔里木河和孔雀河下游水系经常变动改道，这会使终点湖罗布泊位置、大小、形状发生较大的变化。”

罗布泊“大耳朵”缘何形成

“罗布泊干涸湖盆的形状，在卫星上拍摄到的影像，极像人的耳朵轮廓，于是‘大耳朵’的名字便叫了开来。”这只大耳朵是如何形成的，科学家们众说纷纭，争论不已。

夏训诚1980年 5 月参加中国科学院沙漠考察团访问美国时，在华盛顿遥感专家艾尔·巴兹家做客，看到艾尔家挂着这张“大耳朵”图片。艾尔指着“耳轮”“耳垂”和“耳孔”问夏训诚，它们分别代表什么。当时夏训诚不能给出答案，但他跟艾尔说：“我以后会告诉你。”

将“大耳朵”按位置套叠在有地形标高的地形图上，夏训诚发现，“大耳朵”的范围恰恰是罗布泊海拔高程780米等高线，量测面积为5350平方千米。

“我们最终给出了‘大耳朵’的答案：‘耳轮’是湖水退缩蒸发的痕迹；‘耳孔’是伸入湖中的半岛，将罗布泊分成东西两湖；‘耳垂’是喀拉和顺湖注入罗布泊形成的三角洲。”夏训诚和项目组的科研人员通过水准测量、光谱测定、分段采样分析等综合分析后，进一步得出对罗布泊“大耳朵”的新认识：罗布泊“大耳朵”形态形成受原湖岸地形的控制，特别是受伸入湖中半岛的影响；“大耳朵”图像上“耳轮线”，是湖水退缩盐壳形成过程中的年、季韵律线。

夏训诚等科学家确定，“大耳朵”是湖水迅速退缩形成，具体时间就在20世纪60年代初期4~5年。

是什么让楼兰古国繁华不再

1901年，斯文·赫定在当地向导的帮助下在罗布泊北发现了楼兰古城，这一“沙漠中庞贝城的再现”轰动了世界。中外学者认为，在丝绸之路上，古楼兰国曾经繁盛一时，楼兰古城是其目前被发现的最重要历史遗迹。然而，昔日的西域政治、经济、交通的枢纽，如今已成一片荒原，楼兰的兴衰巨变原因，说法众多。

气候干燥造成人口大迁徙；高山冰川萎缩，河流水量减少造成古城衰落；河流变迁使得居民迁徙，楼兰废弃……还有人提出，人类活动是造成罗布泊地区环境变化的主要因素。“我们认为，楼兰兴衰是社会经济和自然条件变化的综合反映。”夏训诚认为，单种因素无法全面揭示楼兰兴衰的原因。

“‘路断城空’和‘水断城空’，是楼兰兴衰的两大因素。”夏训诚等专家认为，交通路线的变化是楼兰兴衰最直接最敏感的因素。西汉时，楼兰成为西域交通重要枢纽，担负着“负水担粮，送迎汉使”的重任，为了保护这条通道而设官屯田，带来了楼兰的繁荣，并成为古代丝绸之路的门户。然而后来的天山南麓道逐渐代替了经楼兰的道路后，使其不知不觉丧失了中西交通中继站的地位，是为“路断城空”。

而另一个原因是楼兰古城位于孔雀河下游，水系变化较大，对人们生产和生活产生重大影响。人们为了生活，不得不另觅居住地，也就是“水断城空”。

“一个世纪以来，罗布泊由一个浩瀚大湖，最终变成了一个干涸的‘大耳朵’。它所经历的沧桑，给我们留下一部干旱区开发史。”从事沙漠研究已整整50年的夏训诚又开始思考罗布泊的未来。

罗布泊于 1965 年最终干涸

1.距今3700—2500年，发生罗布泊演化过程中一次重要干涸事件，当时东西湖全部干涸，东湖自此时起直至公元1958年间一直干涸。

2.距今2500—1200年，气候好转，西湖充水，湖泊一度扩大，湖泊面积可达2000平方千米左右，为微咸水湖。

3.距今1200—700年，为罗布泊气候环境最好时期——中世纪暖期，为淡水湖—微咸水湖，湖泊面积达2500平方千米。

4.距今700年以来，湖泊逐渐变干。公元1930年前后曾一度扩大，西湖面积1900平方千米，公元1958年夏季天山大洪水，东西湖同时充水，形成5350平方千米的大湖，但1965年干涸。

罗布泊的往昔

《汉书·西域传》记载了西域36国在欧亚大陆的广阔腹地画出的绵延不绝的绿色长廊，夏季走入这里与置身江南无异。昔日塔里木盆地丰富的水系滋润着万顷绿地。当年张骞肩负伟大历史使命西出阳关，当他踏上这片想象中荒凉萧瑟的大地时，却被它的美丽惊呆了。罗布泊就是这条绿色长廊的一处风景。罗布泊呈葫芦形，历史上面积曾达5350平方千米。由于河流改道及上游灌溉引水，湖水逐渐枯浅，于1972年完全干涸。瑞典探险家斯文·赫定在20世纪30年代进罗布泊时还乘小舟。他坐着船饶有兴趣地在水面上转了几圈，他站在船头四下远眺，感叹这里的美景。回国后，斯文·赫定在他那部著名的《亚洲腹地探险八年》一书中记录了自己的所见所闻。

3. 泸定桥

⊙茅以升

泸定桥，在四川省甘孜藏族自治州泸定县，是1935年红军长征途中强夺铁索桥战役的纪念地。桥在大渡河上，是从西面的雪山往东面的二郎山的必经之路。当我红军强渡大渡河时，正逢初夏，河水暴涨，奔流湍急。两岸悬崖峭壁，高耸入云。我大军沿河前进，就在这下临深渊的河岸上行军，而且日夜不停。在将到桥头的前夕，大雨倾盆，天黑地滑，更是步履维艰，稍有不慎，就会堕入惊涛骇浪中。在到达桥头时，敌人早将桥上木板烧毁，只剩下几根摇晃的铁索，高悬在倾泻奔腾的洪流上。对岸桥头正在县城西门下，敌人在城上凭险据守，弹如雨下。我英勇红军，踏上铁索，奋勇前进。每人带着一块木板，边走边铺。有的木板为敌人弹中起火。有22位英雄，就踩着燃烧的木板，冒着弹雨，攻到对岸，于是全桥为我军占领，胜利完成了强夺大渡河的战役，在我人民革命的长征历史上，留下了“大渡桥横铁索寒”“三军过后尽开颜”的光辉诗篇。

泸定桥是一座铁索悬桥，东西长31丈1尺（合103.7米），宽9尺（合3米）。桥身用铁链9根，系于两岸，悬挂空中，铁链外径9厘米，上铺木板，形成桥面，以通行人。桥两旁各有铁链两根，横贯东西，用作扶栏。两岸各有桥台一座，用条石砌成，形同长方碉堡，高20米。桥台内有落井，宽2米，长5米，深6米，内有生铁铸成的铁桩8根，直径20厘米，竖立井内，四面用灰浆块石胶固。铁桩后面有4米长的锚桩一根，直径为2米，横卧贴紧，上绕过河的9根铁链，扶栏铁链则系于铁桩上。这样，全部13根铁链就都牢固地锚碇于两岸桥台了。然而，铁链桥身，不论上下左右，都不是固定的，摇曳空中，容易摆动，风雨交加的时候，更是晃荡得厉害，人行其上，随桥起伏，不能自主，俯视深渊，目眩心悸，故自古有"绳桥惊险"之叹。过桥如此，造桥的困难就可想而知了。

《四川通志》载："在雅州府打箭炉厅东南大渡河上，其地旧无桥梁，河水迅激，不可施舟楫，行人从三渡口援索悬渡，至为危险。康熙四十年……抚臣熊泰奏言，距化林营八十里地名安乐，水平可建桥，以通行旅，遂造铁索桥。"又《古今图书集成》中《天全六番志》载："泸定桥，在泸水上……康熙四十五年所制铁索桥也。西炉复木鸦，附置戍守，税茶市而桥因以建，桥工费甚巨。以水势汹涌，其水达西炉，旧有皮船，三渡……今皆废。而集于桥……沈冷本天全部属，桥既成，檄天全工力修葺。"可见这座桥是在康熙四十年以后用"税茶市"的办法筹款建成的，桥成后，还强迫附近人民负修理之责。在建桥以前，大渡河有三个渡口，先是用“皮船”过渡，后来就“援索悬渡”。所谓援索悬渡，就是用藤索或竹索过江，绳索外套一大筒，人过渡时就捆在筒上，沿索溜过江去。这种溜索桥是四川省的一种原始悬桥。

泸定桥的修建，在当时确非易事。《小方壶斋舆地丛钞》载：“康熙中修建此桥，曾于东岸先系铁索，以小舟载铁索过重，未及对岸辄覆，久之不成。后一番僧教以巨绳先系两岸，每绳上用数十短竹筒贯之，再以铁索入筒，缚绳数十丈，于对岸牵拽其筒，筒达铁索亦至。”其实，这就是溜索桥的遗意。

溜索桥不知起于何时，但悬桥在我国确有古老历史。《云南通志》载：“景东厅津桥，跨澜沧江，两岸峭壁插汉，江流飞急，以铁索和南北岸为桥，相传汉明帝时建。”还有人说，在秦始皇时代，就有索桥了。《燕丹子》①云：“燕太子丹质于秦，秦王遇之无礼，乃求归，秦王为机发之桥，欲以陷丹。丹过之，桥不为发。”据考证，这里所谓“机发之桥”，就是悬桥，桥的悬索可以放松，使人落水。由于山高水深，悬桥始于西北，当无疑义。《洛阳伽蓝记》载，比丘惠生于北魏孝明帝神龟二年（519），奉使西域：“从钵卢勒国向乌场国，铁索为桥，悬虚为渡，下不见底，旁无挽捉，倏忽之间，投躯万仞，是以行者望风谢路耳。”这座桥比泸定桥早约1200年，但已经用铁索了，可

① 原文作《史记》，经查证应为《燕丹子》，引文亦有改动。

见我国古代少数民族的智慧。

泸定桥建成后，有咏桥诗云："蜀疆多尚竹索桥，松维茂保跨江饶。几年频涉竟忘险，微躯一任轻风飘。斯桥熔铁作坚链，一十三条牵二岸……洪涛奔浪走其下，迢迢波际飞长虹。"在当时也还是盛事。

离这座泸定桥不远的地方，于1951年造了一座新的钢索悬桥，为康藏公路之用。桥上有朱德委员长题的对联："万里长征，犹忆泸关险；三军远戍，严防帝国侵。"从此，旧的泸定就过渡到新的泸定了！

4. 竹与士（节选）

⊙李北山

送君偃竹

苏轼生平爱竹，“可使食无肉，不可居无竹”，而且也擅长画竹。文同[1]随信给他寄来一幅竹子，这就是著名的《筼筜谷偃竹》画，并在信中说这幅竹子只不过数尺，却有万尺的气势。要说文与可擅竹，各类题目必定不胜其数，为什么偏偏是《筼筜谷偃竹》？文同赠给苏轼这幅画可是别有深意。

原来，筼筜是一种竹子，《异物志》载：“筼筜生水边，长数丈，围尺五六寸，一节相去六七尺，或相去一丈，土人绩以为布。”顾名思义，筼筜谷就是以这种高大的竹子而得名，就在陕西洋州（今陕西洋县）。宋神宗熙宁年间，文同在洋州做知州时，喜好种植花木，修建园亭，曾自我评价：“看画亭中默坐，吟诗岸上微行。人谓偷闲太守，自呼窃禄先生。”他就各处景物逐一题咏，写了《守居园池杂题》诗共三十首。他寄给苏轼，

① 文同（1018—1079）：北宋画家、诗人，字与可。

苏轼逐一唱和，也写了三十首，这就是《洋州三十咏》。《筼筜谷》就是其中的一首。文同的《筼筜谷》诗是这样写的："千舆翠羽盖，万锜绿沈枪。定有葛陂种，不知何处藏。"说这谷中竹林繁茂，俯瞰，犹似千万顶碧翠的车盖；平视，宛如武库架上矗立的万杆长枪。

一般画竹都是高直不折，文同为什么反其道而行之，画一幅倒伏的竹子相赠？苏轼的一生历尽坎坷，大半是在贬官和流放中度过，"偃竹"大概就是苏轼身世飘零、命运起伏的况味了。苏轼在他的《和陶饮酒》中也写过这样的诗句："身如受风竹，掩冉众叶惊。俯仰各有态，得酒诗自成。"

墨竹一派

苏轼的《文与可画筼筜谷偃竹记》中，文同提到"墨竹一派"这个称谓，似乎是一种戏谑的自称，却传递给我们一个重要的信息，即当时墨竹画法因为文同、苏轼等一代文人的引领而成为一种时尚，并且这种画法正逐渐成为一种主流。这从当时士大夫追捧文同竹画的情形就可见一斑。墨竹是中国画的一个重要题材，"墨竹一派"的提出对于我们理解这一画种的源流起到了重要的作用。

墨竹画法，一说始于唐代的吴道子，北宋黄庭坚说："墨竹出于近世，不知其所师承。初吴道子作画，超其师杨惠之……运笔作卷，不加丹青，已极形似。故世之精识博物之士多藏吴生墨本，至俗子乃炫丹青耳。意墨竹之师近出于此。”（《山谷集》卷十六《道臻师画墨竹序》，《文渊阁四库全书》第1113册，上海古籍出版社1987年版，第148页）一说出自唐玄宗，元人张退公以为：“夫墨竹者，肇自明皇，后传萧悦，因观竹影而得意。”（《佩文斋书画谱》卷十四《墨竹记》，《文渊阁四库全书》第819册，上海古籍出版社1987年版，第436页）也有说始于王维，根据是他画于开元寺壁，现已失传的《祇园弟子像》。还有传说始于五代后唐名将郭崇韬之妻李氏。传说李夫人是郭崇韬的战利品，被俘后收为妻妾。她闷闷不乐，常以书画解闷。有一夜，她隔窗赏月，见窗纸上有婆娑竹影，越看越觉有趣，竟用笔墨就窗纸上摹写竹影，天亮后再看，竟是一幅墨竹图。这与唐玄宗“因观竹影而得意”如出一辙，都点明了墨竹画的两个特点：一是因竹影而得，所得乃其意，也就是似是而非，别有意境；另一个就是墨写竹影，写此意境，开创了墨竹的技法。不管是谁始创了墨竹画法，艺术史上都以文同为墨竹画宗师。

文同之前，必定有墨竹之画，但非主流，竹画多为双勾着色，而且仅作背景。文同则单画竹，并且开创了“浓墨为面，淡墨为背”的技法，对后世影响深远。文同爱竹，曾作诗赞曰：“心虚异众草，节劲逾凡木。”还名其住所为“墨君堂”，在四周广植竹林，观竹，赏竹，画竹。苏辙在《墨竹赋》中讲文同长年累月地对竹子做细致入微的观察和研究：竹子在春夏秋冬四季的形状有什么变化；在阴晴雨雪天，竹子的颜色、姿势又有什么不同；在强烈的阳光照耀下和在明净的月光映照下，竹子又有什么两样；不同品种的竹子，又有哪些各自的样子……文同曾跟苏轼说："吾乃学道未至，意有所不适而无以遣之，故一发于墨竹。"可见他是寄情于竹，以竹抒怀。

苏轼是中国文人画理论的奠基人，师文同画竹，也擅画竹，而且做得更彻底。清代戴熙在其《习苦斋画絮》中曾转述一则他画竹的故事，说东坡在考试院办公，忽然意兴，随即提笔蘸着批阅公文的朱砂画竹，同事一看，说："这世界上哪有朱竹？"东坡答道："世上难道就有墨竹吗？"由此可知真正的艺术鉴赏当突破事物的表象。倪云林《临王漫庆墨竹轴》云："以中兄长家藏澹游竹石二帧，真有天真烂漫出乎笔墨町畦之外之逸韵，因篝灯下戏效之，虽不能摹形似，亦颇得骊黄牝牡外也。"这"求于骊黄之外"的学说，无疑是中国艺术鉴赏的一个独特视角。的确，真正的竹子都是"瞻彼淇奥，绿竹猗猗"，既无朱竹，亦无墨竹，既是写意，又何必拘泥于红黑？据说自东坡之始，这朱竹之画亦成风流，别具情趣。历代都有名家作朱竹之画。晚明陈继儒《泥古录》就曾记载赵孟頫的夫人管道升也画朱竹："管夫人亦尝画悬崖朱竹一枝，杨廉夫题云：'网得珊瑚枝，掷向筼筜谷。明年锦绷儿，春风生面目。'"

自文同、苏轼而至元四家，墨竹之风大兴，成为单独的画科，名家辈出。如元代赵孟頫、李衎、柯九思、吴镇、倪瓒，明初王绂、夏昶等，均以文同为宗师，后人以"湖州竹派"称之。

宋朝官修《宣和画谱》中专列墨竹一门，其中记述："与可工于墨竹，非天资颖异，而胸中有渭川千亩，气压十万丈夫。"引用了苏轼对他的赞誉。竹常被文人高士用来表现清高拔俗的情趣、正直的气节、虚心的品质和纯洁的思想感情。竹画则从内蕴上与哲学意理融为一体，从而在外在形式上与书法表里生发。因此，墨竹成了书、画、道（哲学）的综合体，成了人格、人品的直接写照，寓意兴寄愈益丰厚，成为中国画史千载不衰的画种。

郑板桥与竹

衙斋卧听萧萧竹，疑是民间疾苦声。
些小吾曹州县吏，一枝一叶总关情。

——郑板桥《潍县署中画竹呈年伯包大中丞括》

郑燮，字克柔，号板桥，清代书画家、文学家，"扬州八怪"之一。早年家贫，乾隆间进士，曾任山东范县、潍县知县。做官前后均居扬州卖画。其诗、书、画世称"三绝"，画竹有"胸无成竹"的理论。针对苏东坡"胸有成竹"的说法，郑板桥强调的是胸中"莫知其然而然"的竹，要"胸中无竹"。

5. 时空的涟漪——“引力波”

⊙李傲嘉

“引力波”是一个充满“宇宙感”的名词，早在一百多年前就被提出，但直到近几年才被检测，是当下比较热门的词汇之一。应该这样毫不夸张地说，引力波开创了宇宙观测的新天地。那么，究竟什么是引力波呢？

顾名思义，“引力波”这个词由两部分组成：“引力”和“波”。“波”比较好理解，那我们先来谈谈什么是“波”。当你向平静的湖面上投掷一粒石子，会看到一圈一圈的涟漪，这就是水波，是水的波动。你有可能会问，如果我们生存的时空中存在“波”，那我们为什么感受不到呢？根据爱因斯坦的观点，我们人就好像鱼一样，生活在时空中，但是反而意识不到空间的存在。鱼在波动的水中，它感受不到水的存在，而且会随着水一起波动。我们所处的时空对于我们就好像鱼对于水一样，它也可以发生波动，但你已经习以为常，所以这种波动，几乎变成了生活中的自然而然。

那什么是“引力”呢？假设你扔一个苹果，它最终会掉在地上，就像有一种力“拽”着它一样，这就是牛顿发现的万有引力。然而爱因斯坦又站出来说，引力不是一种力，而是由于时空弯曲而造成的一种几何现象。让我们来试着理解爱因斯坦这句话，假如你有一个床单，你的四位朋友拽着床单的四角，在其上放置一个实心球，床单会形成一个很大的凹陷。床单相当于时空，实心球即为有一定质量的星体，这样就还原了爱因斯坦所提出的模型。这时，你放一个乒乓球到床单上，它会向实心球快速滑去，从而产生一种像是被吸引了的效果。所以，引力是一种宏观的效果，是生活中自然发生的一种现象。

什么是引力波？回到床单旁，你伸出手，上下按动实心球，床单上会出现或深或浅的凹陷，这就是引力波的模型。引力波的本质就是时空弯曲中的涟漪。

现在，你知道什么是引力波了吗？

中科院院士胡文瑞这样预测引力波的发展前景：如果太极计划进展顺利，其引力波探测卫星组将于2035年前后发射，届时中国与欧洲空间局卫星将同时在空间独立进行引力波探测，互相补充和检验测量结果。

引力波的发展与利用到底如何，就让我们拭目以待吧！

（学生习作）

整本书阅读

昆虫记

⊙〔法国〕法布尔

阅读导航

你知道蝉是怎样脱壳的吗？你知道只有雄性蟋蟀才会唱歌吗？你知道外表可爱的萤火虫其实是肉食动物吗？在19世纪的法国，有一个人立志为昆虫书写历史。他带着家人迁居乡间，年复一年、日复一日地穿着农民的粗呢子外套，挥着尖镐平铲刨挖，建造了一座百虫乐园。他观察了成千上万种昆虫，几乎将一生的时间都用在了研究昆虫上。这个人就是被誉为“昆虫界的荷马”的让·亨利·卡西米尔·法布尔，他为世界贡献了一部不朽的名著——《昆虫记》。

《昆虫记》是一部长篇科普文学作品，共有10卷，一经问世便引起轰动，先后被翻译成50多种文字，受到世界各地读者的喜爱，被誉为“昆虫的史诗”。

书中涉及蜣螂、蚂蚁、西绪福斯虫等100多种昆虫，真实地记录了常见昆虫的种类、特征、习性、本能、劳动、死亡等，描述了小小的昆虫恪守自然规则，为了生存和繁衍进行的不懈努力，体现了作者细致入微、孜孜不倦的科学探索精神。

在书中，作者通过生动的描写，将昆虫的生活与人类社会巧妙地联系起来，把人类社会的道德和认知体系搬到了昆虫世界，又将昆虫的生活与自己的人生感悟融为一体，用人性看待昆虫，字里行间透露出对生命的尊敬与热爱。虽然《昆虫记》是一部生物学著作，但语言朴实清新、生动活泼，语调轻松诙谐，充满了诗情画意，读来如散文般优美动人。

在这部享誉世界的巨著中，有你没见过的多姿多彩的昆虫世界，有你所不知的形形色色的昆虫故事。现在，就让我们跟随法布尔先生一起来到这别有洞天的“昆虫乐园”，一探究竟吧！

精彩选篇

田野地头的蟋蟀（节选）

谁想观看蟋蟀产卵都用不着做什么准备工作，只要有点耐心就行。布封说，耐心是一种天赋，我却谦虚地称之为观察者的优秀品质。四月份，最迟五月份，我们给它们配对，单独放在花盆里，放一层土，压实。食物只是一片莴苣叶，要常常换上新鲜的。花盆上盖上一块玻璃，以防它们跳出来跑掉。

这种装置简单有效，必要时还可以加一个金属网罩，那就更加高级了，这样我们就可以获得一些极其有趣的资料了。我们以后再谈这些。眼下，我们要盯着看它产卵，必须时刻警惕着，不让有利时机溜掉。

我持之以恒的观察有了初步满意的结果是在六月的第一个星期。我突然发现母蟋蟀一动不动，输卵管垂直地插入土层里。

它并不在意我这个冒失的观察者，久久地待在那同一个点上。最后，它拔出输卵管，漫不经心地把那小孔洞的痕迹给抹掉，歇息片刻，溜达了一会儿，随即便在其花盆内它的地界儿里继续产卵。它像白额螽斯一样重复干着，但动作要慢得多。24小时之后，产卵似乎结束了。为了保险起见，我又继续观察了两天。

于是，我翻动花盆的土。卵呈淡黄色，两端圆圆的，长约3毫米。卵一个一个地垂直排列于土里，每次产卵的数目不等，有多有少，相互紧靠在一起。我在整个花盆两厘米深的土里都发现有卵。我用放大镜勉为其难地尽量数清土里的卵，我估计一只母蟋蟀一次产卵有五六百个。这么多的卵肯定不久就会被大大地淘汰的。

蟋蟀卵真像是个绝妙的小机械。孵出后，卵壳似一只不透明的白筒子，顶端有一个十分规则的圆孔，圆孔边缘是一个圆帽，作为孔盖用。圆帽并非是由新生儿随意顶开或钻破的，而是中间有一条特别线条，闭合不紧，可自动启开。看卵孵出会挺有趣的。

卵产下之后大约半个月，前端出现两个又大又圆的黑黄点，那是蟋蟀的眼睛。在这两个圆点稍高处，在圆筒子的顶端，出现一条细小的环状肉。卵壳将从这儿裂开。很快，半透明的卵就能让我们看到幼虫那孵化中的小样儿。这时候就必须倍加小心，增加观察次数，尤其是早晨。

幸运垂青耐心的人，我的孜孜不倦终于有了报偿。稍稍隆起的肉在不停地变化着，出现了一拱就破的一条细线。卵的顶端被其中婴儿的额头顶着，顺着那条细肉线抻着，像小香水瓶一样微微启开，分落两旁。蟋蟀便像小魔鬼似的从这个魔盒中钻出来了。

小魔鬼出来之后，壳儿还鼓胀着，光滑而完整，呈纯白色，圆帽挂在孔口。鸟蛋是由雏鸟喙上专门长着的一个硬肉瘤撞破的；蟋蟀的卵则是一个高级小机械，犹如一只象牙盒子似的自动启开。小蟋蟀额头一顶，铰链就启动，壳就张开了。

小蟋蟀脱掉身上那件精细的外套，浑身发灰，几近白色，立刻便与上面压着的土搏斗开来。它用大颚拱土；它蹬踢着，把松软碍事的土扒拉到身后去。它终于钻出土层，沐浴着灿烂的阳光，但它如此瘦小，不比一只跳蚤大，在弱肉强食的世界上经历风险。24个小时，它体色变化，成了一个漂亮的小黑蟋蟀，乌黑的颜色可与成年蟋蟀一争高下。原先的灰白色只剩下一条白带围在胸前，宛如牵着婴孩学步的背带。

它十分敏捷，用它那颤动着的长触须探查周围空间；它奔跑、蹦跳，开心得很，以后体态发胖就没这么欢蹦乱跳的了。它年幼胃嫩，该给它吃些什么呢？我全然不知。我像喂成年蟋蟀一样，拿嫩莴苣叶喂它。它不屑吃它，或者也许是吃了点而我没看出来，因为它咬的印迹不明显。

不几天工夫，我的十对蟋蟀大家庭成了我的一大负担。一下子就是五六千只小蟋蟀，当然是一群漂亮的小家伙。可它们都需要如何照料我却一无所知，这叫我如何是好。

啊，我可爱的小家伙们，我将给予你们充分的自由，我将把你们托付给大自然这个至高无上的教育者。

我就这么办了。我找到花园里最好的一些地方，把它们这儿那儿地放生一些。如果它们一个个都活得很好，明年我的门前会有多么美妙动听的音乐会呀！但是，这美景并未出现，可能不会有什么美妙动听的音乐会了，因为母蟋蟀虽然大量产仔，但随之而来的是凶残的杀戮，幸存下来的很可能只有几对蟋蟀。

首先奔来抢掠这天赐美味、大开杀戒的是小灰壁虎和蚂蚁。尤其是蚂蚁这个可恶的强徒恐怕不会在我的花园里给我留下一只蟋蟀的。它抓住可怜的小家伙们，咬破它们的肚皮，疯狂地大嚼一通。

啊！该死的恶虫！可我们一直把它视为第一流的昆虫呢！书本上在赞扬，对它还赞不绝口；博物学家们把它们捧上了天，每天都在为它们锦上添花；动物界同人类一样，让自己威声远扬的办法有千万种，但最可靠的办法则是损人利己，这是千真万确的。

谁都不了解弥足珍贵的清洁工食粪虫和埋葬虫，可吸血的蚊虫、长毒刺的凶狠好斗的黄蜂以及专干坏事的蚂蚁却无人不知无人不晓。在南方的村子里，蚂蚁毁坏房屋椽子的热情如同它们掏空一棵无花果树一样。我无须赘述，每个人都能从人类的档案馆中找到类似的例证：好人无人知晓，恶人声名远扬。

由于蚂蚁以及别的一些杀戮者的屠杀之无情，我花园中开始时数量多多的蟋蟀日渐稀少，使我的研究难以为继。我只好跑到花园以外的地方去进行观察了。

八月里，在尚未被三伏天的烈日烤干的草地上一小块绿洲的落叶中，我发现了已经长大了的小蟋蟀，与成年蟋蟀一样全身墨黑，初生时的白带子已经全褪去了。它居无定所，一片枯叶、一片砖瓦足可以遮风避雨，犹如不考虑何处歇足的流浪民族的帐篷一样。

直到十月末，初寒来临，它才开始筑巢做窝。据我对囚于钟形罩中的蟋蟀的观察，这个活儿非常简单。蟋蟀从不在任何一个裸露地点筑巢，而总是在吃剩的莴苣叶遮盖着的地方做窝，莴苣叶代替了草丛作为隐藏时不可或缺的遮檐。

蟋蟀工兵用前爪挖掘，利用其颚钳挖掉大沙砾。我看见它用它那有两排锯齿的有力的后腿在蹬踢，把挖出的土踹到身后，呈一斜面。这就是它筑巢做窝的全部工艺。

一开始活儿干得挺快。在我的囚室的松软土层里，两个小时的工夫，挖掘者便消失在地下了。它还不时地边后退边扫土地回到洞口。如果干累了，它便在尚未完工的屋门口停下来，头伸在外面，触须微微地颤动着。休息片刻之后，它又返回去，边挖边扫地又继续干起来。不一会儿，它又干干歇歇，歇息的时间也越来越长，我观察的劲头儿也随之减低了。

最紧迫的活计完成了。洞深两寸，目前已够用了，余下的活计费时费力，得抽空去做，每天干点。天气日渐转凉，自己的身体在渐渐长大，巢穴得逐渐加深加宽。即使到了大冬天，只要天气暖和，洞口有太阳，也能常常看见蟋蟀在往外弄土，说明它在修整扩建巢穴。到了春光明媚时，巢穴仍在继续维修，不停地修复，直至屋主去世为止。

四月过完，蟋蟀开始歌唱，先是一只两只，羞答答地在独鸣，不久便响起交响乐来，每处草丛里都有一只在歌唱。我很喜欢把蟋蟀列为万象更新时的歌唱家之首。在我家乡的灌木丛中，在百里香和薰衣草盛开之时，蟋蟀不乏其应和者：百灵鸟飞向蓝天，展放歌喉，从云端把其美妙的歌声传到人间。地上的蟋蟀虽歌声单调，缺乏艺术修养，但其淳朴的声音与万象更新的质朴欢快又是多么和谐呀！它那是万物复苏的赞歌，是萌芽的种子和嫩绿的小草能听懂的歌。在这二重唱中，优胜奖将授予谁？我将把它授予蟋蟀。它以歌手之多和歌声不断占了上风。当田野里青蓝色的薰衣草如同散发青烟的香炉，在迎风摇曳时，百灵鸟就不再歌唱了，人们只能听见蟋蟀仍在继续低声地唱着，仍在庄重地歌颂着。

现在，解剖家跑来啰唆了，粗暴地对蟋蟀说："把你那唱歌的玩意儿让我们瞧瞧。"它的乐器极其简单，如同真正有价值的一切东西一样；它与螽斯的乐器原理相同：带齿条的琴弓和振动膜。

蟋蟀的右鞘翅除了裹住侧面的皱襞外，几乎全部覆盖在左鞘翅上。这与我们所见到的绿蚱蜢、螽斯、距螽以及它们的近亲完全相反。蟋蟀是右撇子，而其他的则是左撇子。

两个鞘翅结构完全一样，知道一个也就了解了另一个。我们来看看右鞘翅吧。它几乎平贴在背上，但在侧面突呈直角斜下，以翼端紧裹着身体，翼上有一些斜向平行细脉。背脊上有一些粗壮的翅脉，呈深黑色，整体构成一幅复杂而奇特的图画，形同阿拉伯文似的天书。

鞘翅透明，呈淡淡的棕红色，只是两个连接处不是如此。一个连接处大些，三角形，位于前部；另一个小些，椭圆形，位于后部。这两个连接处都由一条粗翅脉围着，并有一些细小的皱纹。第一处还有四五条加固的人字形条纹，后一处只是一条弓形的曲线。这两处就是这类昆虫的镜膜，构成其发声部位。其皮膜的确比别处的细薄，是透明的，尽管略呈黑色。

那确实是精巧的乐器，比螽斯的要高级得多。弓上的150个三棱柱齿与左鞘翅的梯级互相啮合，使四个扬琴同时振动，下方的两个扬琴靠直接摩擦发音，上方的两个则由摩擦工具振动发声。所以，它发出的声音是多么雄浑有力啊！螽斯只有一个不起眼的镜膜，声音只能传到几步远的地方，而蟋蟀有四个振动器，歌声可以传到数百米以外。

蟋蟀声音的亮度可与蝉匹敌，而且还不像蝉的叫声那么沙哑，令人讨厌。更妙的是，蟋蟀的叫声抑扬顿挫。我们说过，蟋蟀的鞘翅各自在体侧伸出，形成一个阔边，这就是制振器；阔边多少往下一点，即可改变声音的强弱，使之根据与腹部软体部分接触的面积大小，时而轻声低吟，时而歌声嘹亮。

只要不爆发交尾期间本能的争斗，蟋蟀们便会在一起和平相处。但追求者们之间，打斗是家常便饭，而且互不相让，结局倒并不严重。两个情敌相互头顶着头，互相咬脑袋，但它们的脑壳是一顶坚硬的头盔，能够顶住对方铁钳的夹掐。只见它俩你顶我拱，扭在一起，然后复又挺立，随即各自离去。战败者逃之夭夭；得胜者放开歌喉羞辱对方，然后转而柔声低吟，围着情人轻唱。

追求者很会搔首弄姿。它手指一勾，把一根触须拽回到大颚下面，把它蜷曲起来，用其唾液作为美发霜在其上涂抹。它那尖钩、镶着红饰带的长长的后腿，焦急地跺着，向空中蹬踢着。它因激动而唱不出声来。它的鞘翅在急速地颤动着，但却不再发出声响，或者只是发出一阵凌乱的摩擦声。

求爱无果。母蟋蟀跑到一片生菜叶下躲藏起来。但是，它还是微微撩起门帘偷看，而且也想被那只公蟋蟀看见。

它向柳树丛中逃去，
但却在偷窥着追求者。

两千年前的一首牧歌就是这么温情地唱颂的。

（陈筱卿 / 译）

萤的灯

如果，我们的萤，除了利用那种类似于接吻一样的动作——轻轻地扭动几下，来施行麻醉术以外，就再也不具备什么其他的才能了，那么它的名声就不会有如此之大了，以至于所有的人都知道它的大名。因此，它必定还具有一些其他的特殊本领，与其他动物区别开来，比如特异功能什么的。那究竟它还有什么样的奇特本领呢?

众所周知，它的身上还带有一盏灯。它会在自己的身上点燃这盏灯。在黑夜中为自己留一盏灯，照耀着自己行进的路程。这就是它成名的最重要的原因之一了。

雌性萤那个发光的器官，生长在它身体最后三节的地方。在前两节中的每一节下面发出光来，形成了宽宽的节形。而位于第三节的发光部位比前两节要小得多，只是有两个小小的点，发出的光亮可以从背面透射出来，因而在这个小昆虫的上下面都可以看得见光。从这些宽带和小点上，发出的光是微微带蓝色的、很明亮的光。

而雄性的萤则不一样，它与雌萤相比，只有雌萤那些灯中的小灯，也就是说，只有尾部最后一节处的两个小点。而这两个小点，在萤类的全族之中，差不多全都具备，从萤还处于幼小的蛴螬的时代开始，就已经具备这两个用于发光的小点。此后，随着萤的成长，它们也随着身体的生长不断地长大。在萤的一生中都不改变。这两个小点，经常是无论在身体的上面，还是下面，都可以看见。但是雌萤所特有的那两条宽带子则不同，它只能在下面发光。这就是雄、雌的主要区别之一。

我曾经在我的显微镜下，观察过这两条发光的带子。在萤的皮上，有一种白颜色的涂料，形成了很细很细的粒形物质。于是，光就是发源于这个地方。在这些物质的附近，更是分布着一种非常奇特的器官，它们都有短干，上面还生长着很多细枝。这种枝干散布在发光物体上面，有时还深入其中。

我很清楚地知道，光亮是产生于萤的呼吸器官的。世界上有一些物质，当它和空气相混合以后，立即便会发出亮光；有的时候，甚至还会燃烧，产生火焰。此等物质，被人们称为“可燃物”。而那种和空气相混合便能发光或者产生火焰的作用，则通常被人们称之为“氧化作用”。萤能够发光，便是这种氧化作用的一个很好的例证与说明。萤的灯就是氧化的结果。那种形如白色涂料的物质，就是经过氧化作用以后剩下的余物。氧化作用所需要的空气，是由连接着萤的呼吸器官的细细的小管提供的。至于那种发光的物质的性质，至今尚无人知晓其答案。

但是，另外有一个问题，我们是知道得比较详细的。我们清楚地知道，萤完全有能力调节它随身携带的亮光。也就是说，它可以随意地将自己身上的光放大一些，或者是调暗一些，或者是干脆熄灭它。

那么，这个聪明的小动物，究竟是怎样行动才达到它调节自身光亮的目的呢？经过观察我了解到，如果萤身上的细管里面流入的空气量增加了，那么它发出来的光亮度就会变得更强一些；要是哪天萤不高兴了，把气管里面的空气的输送停止下来，那么，光的亮度自然就会变得很微弱，甚至是熄灭了。

一些外界的刺激，将会对气管产生影响。这盏精致的小灯——萤身后最后一节上的两个小点，哪怕只有一点点的侵扰，立刻就会熄灭。这一点我深有体会，每次当我想要捕捉那些十分幼稚可爱的小动物的时候，它们总是爱和我玩捉迷藏的游戏。我明明就在刚才，清清楚楚地看见它在草丛里发光，并且飞旋着，但是，只要我的脚步稍微有一点儿不经意，发出一点儿声响，或者是我不知不觉地触动了旁边的一些枝条，那个光亮立刻就会消失掉，这个昆虫自然也就不见了。我也就失去了捕捉对象，又浪费了一次机会。

然而，雌萤的光带，即便是受到了极大的惊吓与扰动，都不会产生多么大的影响。比如说，把一个雌萤放在一个铁丝做的笼子里面，空气是完全可以流通的。然后，我们再在铁笼子旁边放上一枪。就是这样暴烈的声音，竟然也毫无结果。萤似乎什么也没有听到，或是听到了，也置之不理。它的光亮依然如故，丝毫变化都没有。于是，我又换了一种方法试探。我取了一个树枝，而且还把冷水洒到它们的身上去，但是，这种种方法都失败了。各种刺激居然都不奏效。没有一盏灯会熄灭，顶多是把光亮稍微停一下。但是，这种情况是很少发生的。然后，我又拿了我的一个烟斗，往铁笼子里吹进一阵烟去。这一吹，那光亮停止的时间长久了一些。还有一些竟然停熄掉了。但是，即刻之间便又点着了。等到烟雾全部散去以后，那光亮便又像刚才一样明亮了。假如把它们拿在手掌上，然后轻轻地一捏。只要你捏得不是特别的重，那么，它们的光亮并不会减少得很多。总之，到目前为止，我们根本就没有什么办法，能让它们全体熄灭光亮。

从各个方面来看，毫无疑问，萤千真万确地能够控制并且调节它自己的发光器官，随意地使它更明亮，或更微弱，或熄灭。不过，在某一种我们还不知道的环境之下，它也会失去它这种自我调节的能力。如果我们从它发光的地方，割下一片皮来，把它放在玻璃瓶或管子里面，虽然并没有像在活着的萤体上那么明亮耀眼，但是，它也还是能够从容地发出亮光的。因为，对于发光的物质而言，是并不需要什么生命来支持的。原因在于，能够发光的外皮，直接和空气相接触而起作用。因此，气管中氧气的流通也就不必要了。就是在那种含有空气的水中，这层外皮发出的光也和在空气中发出的光同样明亮。如果是在那种已经煮沸过的水里，由于空气已经被“驱逐”出来了，于是，发出的光就会渐渐地熄灭了。再没有更好的证据来证明萤的光是氧化作用的结果了。

萤发出来的光，是白色而且平静的。另外，它的光对于人的眼睛一点儿也不刺激，很柔和。这种光看过以后，便会很自然地让人联想到，它们简直就像那种从月亮里面掉落下来的一朵朵可爱的洁白的小花朵，充满诗情画意的温馨。虽然这种光亮十分灿烂，但是同时它又是很微弱的。假使在黑暗之中，我们捉住一只细小的萤，然后把萤的光向一行油印的字上照过去，于是我们便会很容易地辨别出一个一个的字母，甚至也可分辨出不是很长的词来。不过，超过了这份光亮所涉及的比较狭小的范围以外，那就什么都看不清楚了。不过，这样的灯，这样吝啬的光亮，不久就会令读书人厌倦的。

但是，这些能够发出光亮的小动物，这些本该是心中一片光明的小昆虫，事实上却是一群心理很黑暗的家伙。它们对于整个家族的感情是完全不存在的。家庭对于它们而言，是无足轻重的。柔情对于它们也是没有丝毫实际意义的。它们能够随处地产卵。有的时候，产在地面上；有的时候，产在草叶上。无论何时何地，它都可以随意散播自己的子孙后代，真可谓四处闯荡、四海为家、随遇而安。而且，在它们产下卵以后，就再也不去注意它们了，随它们自生自灭、自然生长去了。

从生到死，萤总是放着亮光的，甚至连它的卵也是要发光的，幼虫也是如此。当寒冷的气候马上就要降临的时候，幼虫就会立刻钻到地面下边去，但是并不钻得很深。假如我从地面下，把它轻轻地掘起来，它的小灯仍然还是亮着的。就是在土壤的下面，它的小灯还是点着的，永远为自己留一盏希望的灯。

（陈筱卿／译）

阅读规划

《昆虫记》是一部描写昆虫的种类、特征、习性的生物学巨著，记录了昆虫真实的生活，字里行间流露出作者对生命的尊敬与热爱。

南宋思想家和教育家朱熹提出了“循序而渐进，熟读而精思”的读书原则。他的学生把他的读书方法归纳为“朱子读书法”六条，即循序渐进、熟读精思、虚心涵泳、切己体察、着紧用力、居敬持志。我们读《昆虫记》就可以采用朱子的阅读方法，请用大概两个月的时间通读全书，完成以下表格。

《昆虫记》读书卡

阅读时间	阅读时长	阅读篇目	提要摘记	阅读心印 （可从文章主题、人物、语言等方面呈现你的发现与收获）

交流平台

问题一：法布尔笔下的哪些昆虫引起了你的关注，让你感触颇深？

提示：1. 注意感受书中的趣味性，更要关注作者如何在细致观察的基础上，客观记录昆虫的习性与成长规律。

2. 注意分析作者对某种昆虫的描写细节，体会文字之美。

问题二：书中体现了法布尔怎样的科学精神？

提示：1. 研读法布尔对几种昆虫的记述，总结他的科学探究经验。

2. 借鉴法布尔的经验，进行一次实践观察，并且做好观察探究笔记。

敬　启

为编好这本书，我们与收入本书的作品（含图片）作者进行了广泛联系，得到了各位作者的大力支持。在此，我们表示衷心的感谢。但是，由于个别作者地址不详，虽经多方努力，仍无法取得联系。敬请各位有著作权的作者尽快与我们联系，以便我们支付稿酬，并致谢忱！

我们还要感谢使用本书的师生们。希望你们在使用本书的过程中，能够及时把意见和建议反馈给我们，对此，我们深表谢意，并将给予一定奖励。让我们携起手来，共同完成本书的建设工作。

联 系 人：梁老师　张老师

联系电话：010-58022100

联系邮箱：ztxx2008@sina.com

网　　址：http://www.ywztxx.com

地　　址：北京市海淀区知春路7号致真大厦A座18层

图书在版编目（CIP）数据

岁月留痕 / 林楚涛主编. — 上海：上海教育出版社, 2021.6

ISBN 978-7-5720-0817-7

Ⅰ. ①岁… Ⅱ. ①林… Ⅲ. ①阅读课—初中—教学参考资料 Ⅳ. ①G634.333

中国版本图书馆CIP数据核字（2021）第142048号

责任编辑　李清奇
封面设计　陈丽娟　王艺霖
著作权人　北京华樾教育科技有限公司

岁月留痕

林楚涛　主编

出版发行　上海教育出版社有限公司
官　　网　www.seph.com.cn
地　　址　上海市永福路 123 号
邮　　编　200031
印　　刷　肥城新华印刷有限公司
开　　本　720 × 1010　1/16　印张 66
字　　数　900千字
版　　次　2021年8月第1版
印　　次　2021年8月第1次印刷
书　　号　ISBN 978-7-5720-0817-7/G · 0633
定　　价　268.00元

如发现质量问题，请向本社调换　　电话 021-64377165